JN429736

발 행 일 | 2026년 3월 27일(1판 2쇄)
I S B N | 978-89-5960-519-4
정 가 | 14,000원

기 획 | 렉스미디어 기획팀
집 필 | 김도화, 김지애
진 행 | 이영수
본문디자인 | 디자인앨리스

발 행 처 | ㈜렉스미디어
발 행 인 | 안광준
주 소 | 경기도 파주시 정문로 588번길 24
홈페이지 | www.rexmedia.net

타자 기록표

구분	날짜	평균 타수	정확도	확인란
1	월 일			
2	월 일			
3	월 일			
4	월 일			
5	월 일			
6	월 일			
7	월 일			
8	월 일			
9	월 일			
10	월 일			
11	월 일			
12	월 일			

구분	날짜	평균 타수	정확도	확인란
13	월 일			
14	월 일			
15	월 일			
16	월 일			
17	월 일			
18	월 일			
19	월 일			
20	월 일			
21	월 일			
22	월 일			
23	월 일			
24	월 일			

목 차

캔바 회원가입하기

1 캔바를 사용하려면 회원으로 가입되어 있어야 합니다.

2 구글 검색 창에 "캔바"를 입력한 후 [Enter]를 눌러 이동한 후 [Canva]를 클릭하여 이동합니다.

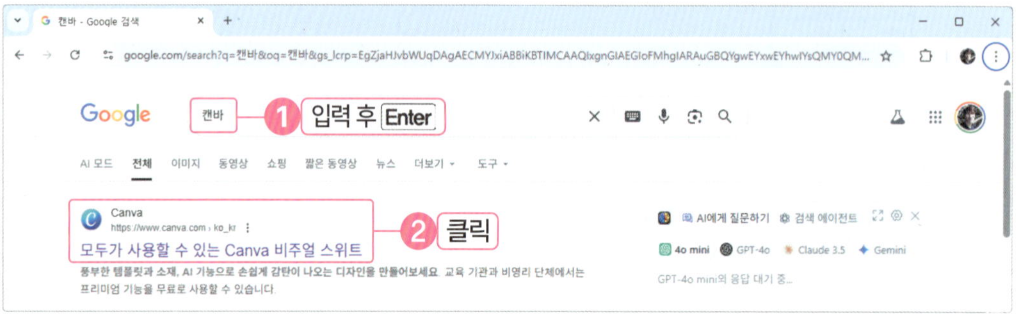

3 [Canva 이용 약관] 창에서 모든 항목에 동의를 체크한 후, [동의 및 계속하기]를 클릭합니다.

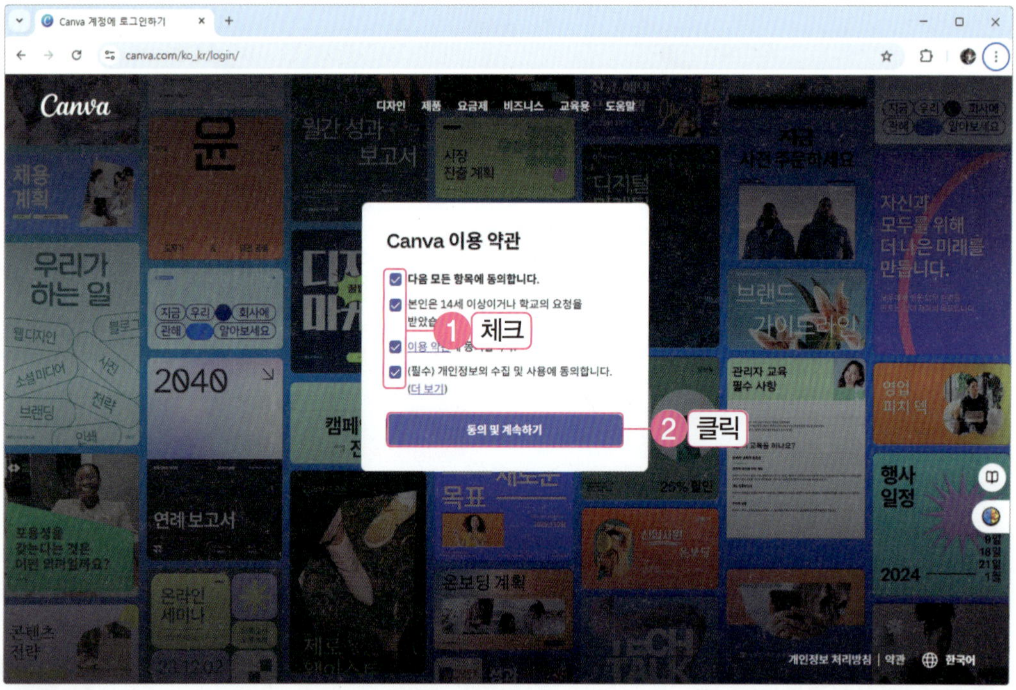

TIP

현재 14세 미만의 어린이는 개별 가입이 안되며, 보호자나 교사의 인증으로 가입이 가능하므로 해당 약관에 모두 동의를 해야 캔바 가입창으로 이동이 가능합니다.

4 [간편 로그인 또는 회원가입] 창에서 [Google로 계속하기]를 클릭하여 개인 구글계정으로 로그인을 합니다.

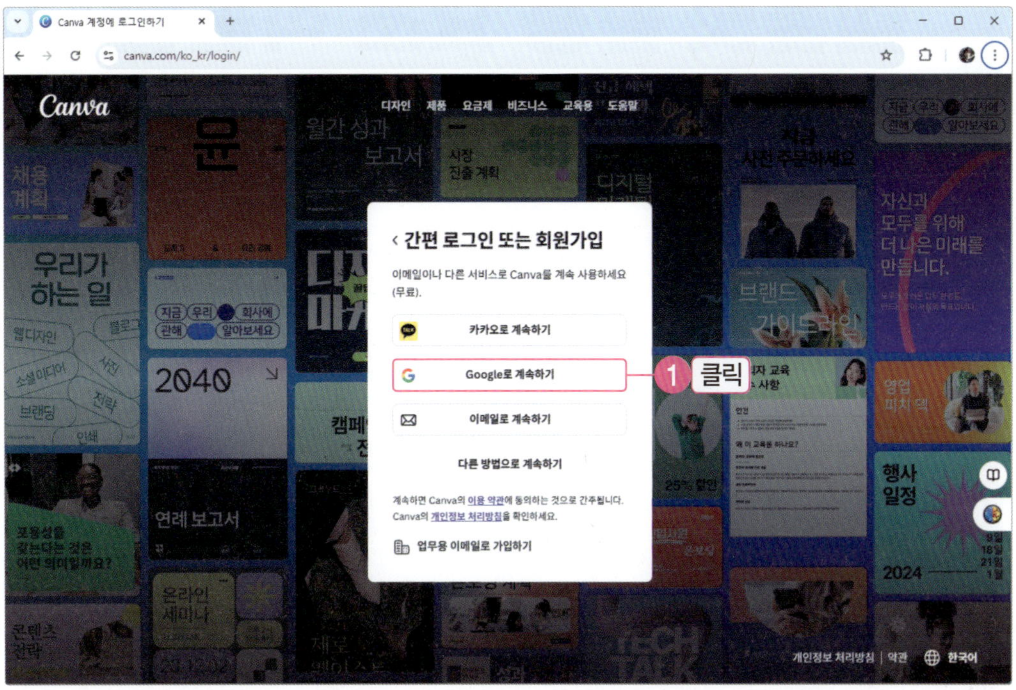

TIP

기존에 카카오톡, 구글계정, 이메일 등이 있어야 Canva 회원 가입이 가능합니다. 교재에서는 무료회원 가입된 사용자 기준으로 학습합니다. 그리고 교사가 만든 클래스 초대 링크를 학생들이 받으면, 학생 계정도 Pro 기능을 무료로 이용할 수 있습니다.

PART 01

템플릿 활용 요소 작품집

Part1의 작품은 캔바의 다양한 템플릿을 활용하여 초등 눈높이에 맞게 제작되었습니다. 알기 쉬운 디자인과 구성으로 학습 내용을 재미있고 효과적으로 이해할 수 있도록 돕습니다. 템플릿 요소를 활용해 간단하면서도 창의적인 작품 활용이 특징입니다.

CHAPTER 01

컴퓨터 배경화면 만들기

학습 목표

- 디자인의 컴퓨터 배경화면 템플릿을 검색합니다.
- 배경에 요소를 추가합니다.

완성작품 미리 보기

불러올 파일 : 01차시_예제 완성된 파일 : 배경화면_완성.png

캔바(Canva)란?

캔바는 호주의 그래픽 디자인 플랫폼입니다. 직관적인 메인 화면 구성으로 초보자도 쉽게 사용할 수 있으며 별도의 설치 없이 웹에서 바로 작업이 가능합니다.
유료 요금제(Pro)도 있지만, 무료 사용만으로도 충분히 전문가 수준의 디자인이 가능합니다.
여러 종류의 동영상, 문서, 사진, 웹사이트 ppt 홍보물 등을 간단하게 만들 수 있어 소셜미디어나 프레젠테이션 용도로 자주 쓰입니다.

1 캔바에서 디자인 템플릿 적용하기

1 구글 크롬에서 "캔바"를 검색하여 실행합니다.

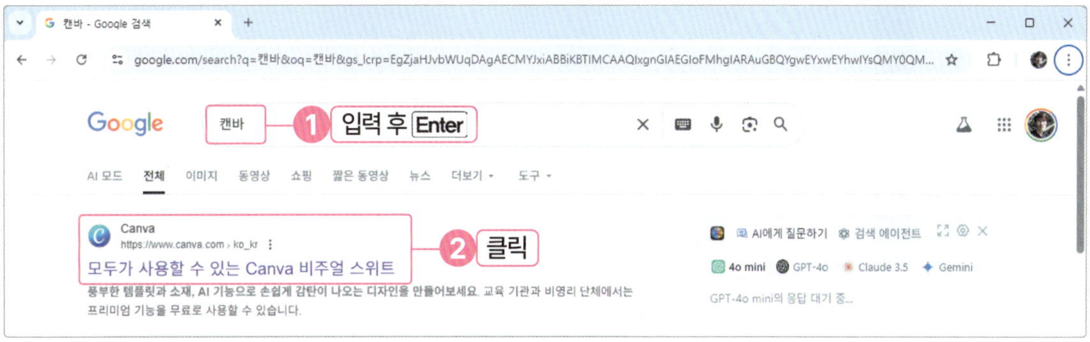

2 캔바 계정에 로그인을 합니다.

↳ [Canva 이용 약관]에 동의 → 로그인 방식(Google로 계속하기)을 선택 → 이메일과 비밀번호로 로그인

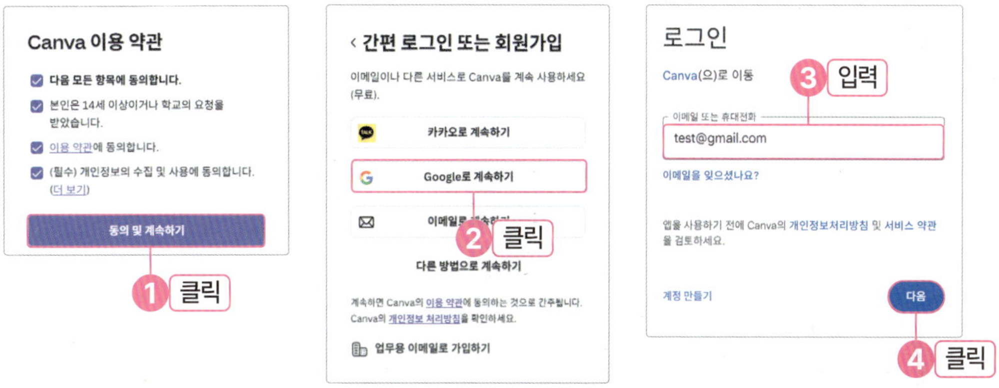

3 캔바가 실행되면 화면 왼쪽 도구의 [만들기(+)]를 클릭합니다.

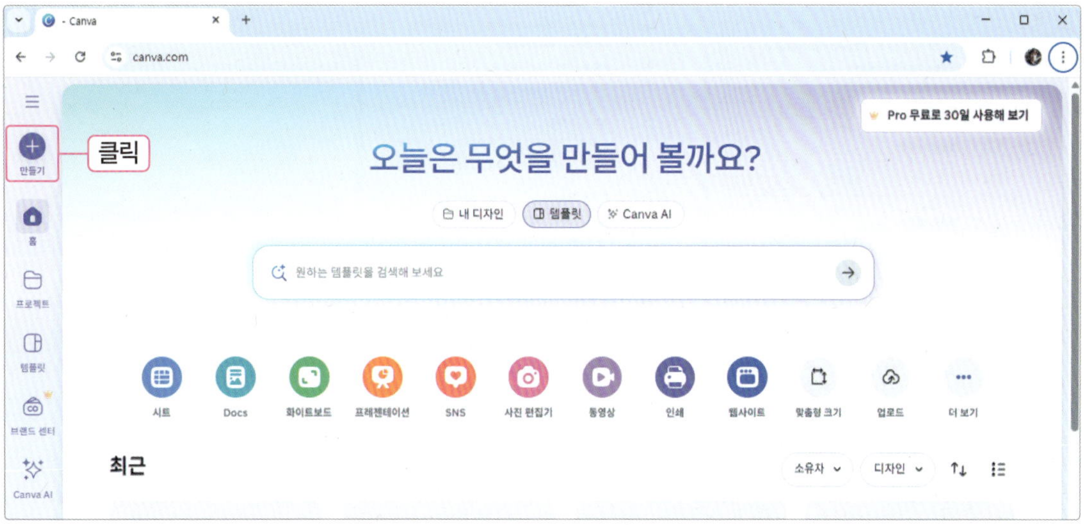

4 [디자인 만들기] 화면이 나오면 검색 창에 "컴퓨터 배경"을 입력한 후 목록에서 [배경 화면 컴퓨터]를 선택합니다.

5 배경 화면 컴퓨터 디자인의 [템플릿] 탭에서 원하는 무료 디자인을 클릭하여 캔버스에 템플릿을 적용합니다.

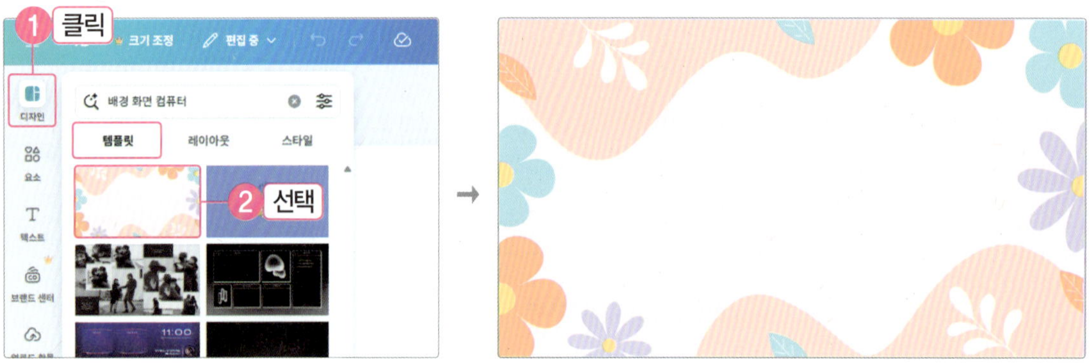

6 캔버스에 선택한 템플릿이 적용되면 [템플릿 스타일]을 클릭한 후 [셔플]을 클릭하면서 원하는 템플릿 스타일로 바꿉니다.

TIP

[셔플]을 클릭할 때마다 템플릿 스타일이 미리 구성된 임의의 스타일로 바꿀 수 있습니다.

2 템플릿 요소 꾸미기

1 캔바 왼쪽 디자인 도구의 [요소( )]-[카테고리 둘러보기]-[그래픽]을 클릭합니다.

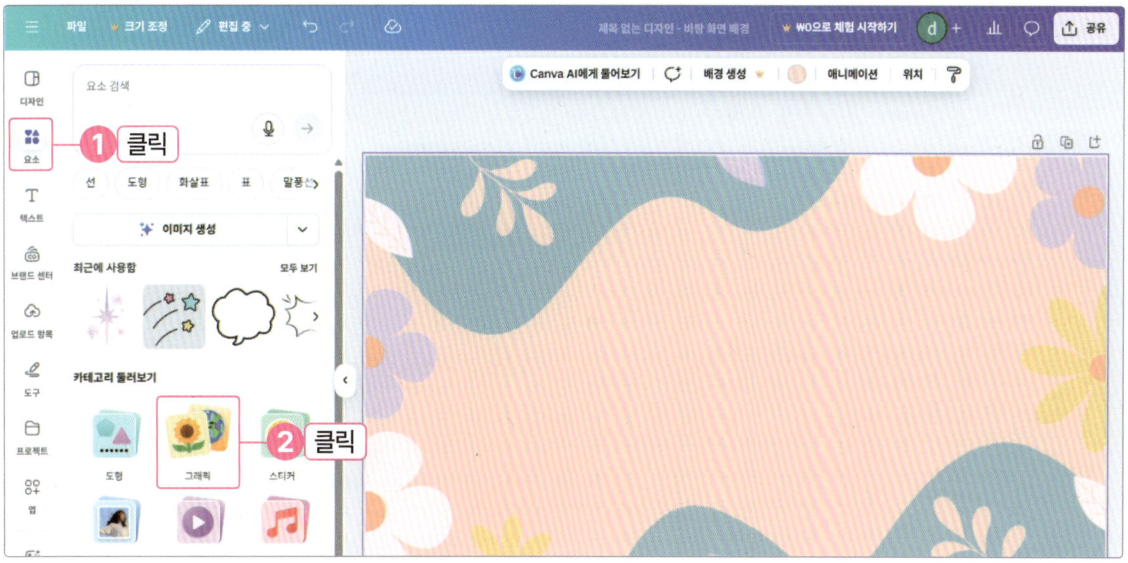

2 디자인에 어울리는 그래픽 목록이 [자동 추천] 항목에 표시되면 원하는 그래픽을 클릭하여 캔버스에 표시합니다.

TIP

주요기능 알고가기

: 댓글 달기　　: 잠금　　: 복제　　: 삭제　　: 회전

3 같은 방법으로 여러 가지 그래픽 요소를 추가 및 이동, 크기를 조절하여 배경화면을 완성합니다.

4 파일명을 바꾸기 위해 상단 메뉴의 [파일]을 클릭한 후 파일 이름(배경화면)을 수정한 다음 완성된 파일을 저장합니다.

저장 : [공유]-[다운로드(⭳)]를 클릭 → 파일형식(png)을 설정 → [다운로드]를 클릭 → [다운로드] 폴더에 자동저장

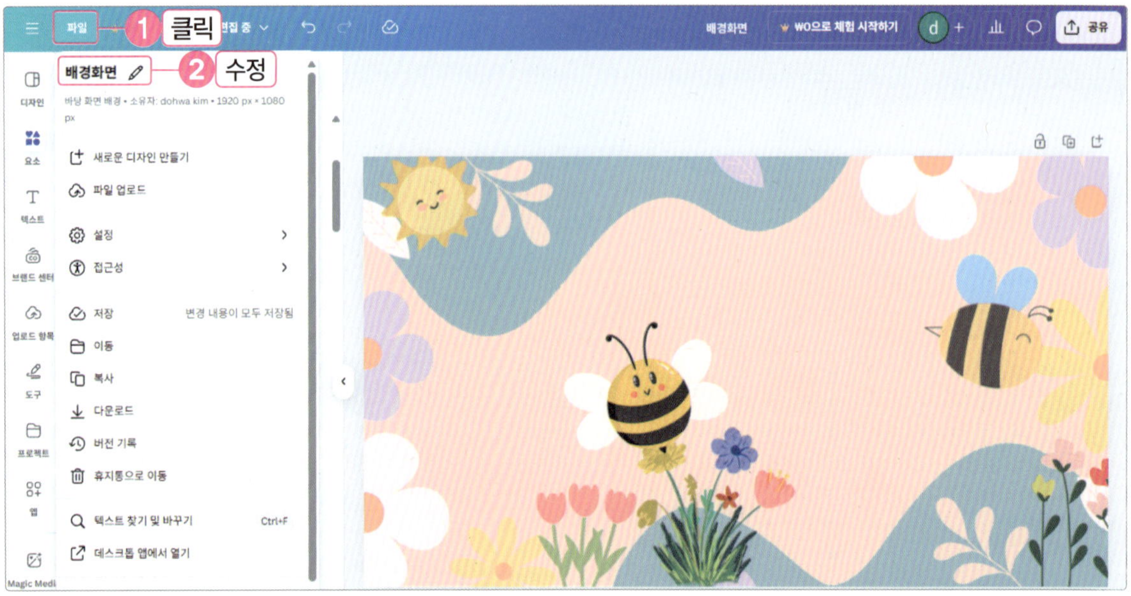

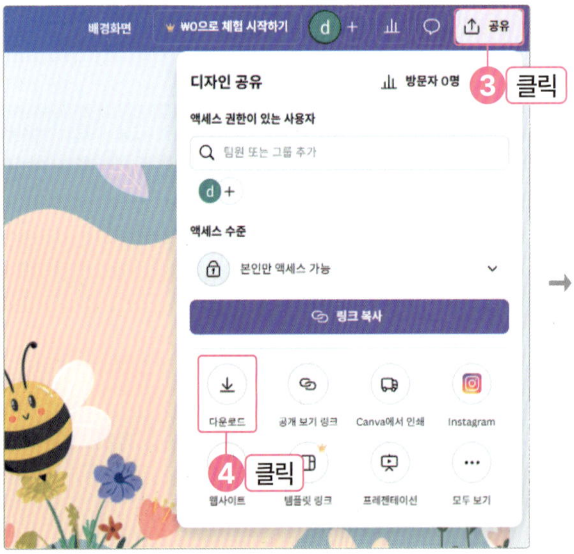

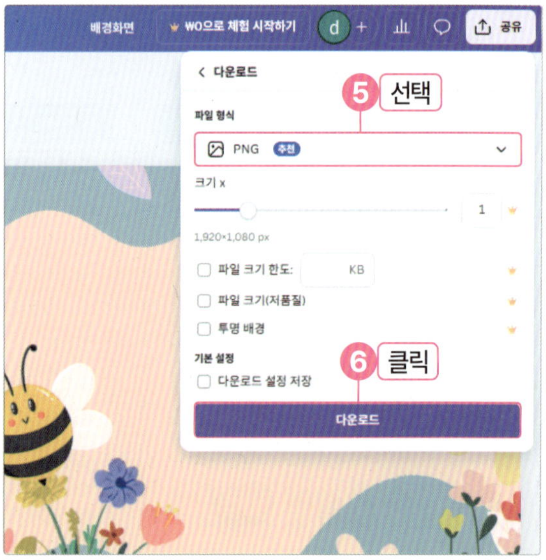

TIP

링크 복사 기능 알아보기

캔바의 **링크복사** 기능은 내가 만든 디자인이나 파일을 URL 형태로 공유할 수 있게 해주는 기능입니다. 즉, 굳이 파일을 다운로드해서 보내지 않고, 링크 하나만 전달하면 상대방이 그 디자인에 접근할 수 있어서 여러 명과 공동 작업이나 작품 공유가 가능합니다.

똑똑 학습

캔바를 이용한 똑똑한 놀이

01 스마트폰 배경화면과 스마트폰 케이스를 꾸며봅니다.

- 디자인 만들기 : 인기 폰 배경화면
- 캔버스에 요소 삽입하기 : 결과 화면을 참고하여 임의로 지정
- 완성된 작품 다운로드 하기

불러올 파일 : 없음 　 완성된 파일 : 스마트폰 배경화면_완성.png / 스마트폰 케이스 꾸미기_완성.png

CHAPTER 02

강아지 생일 초대장 만들기

학습 목표
- 디자인의 생일초대장 템플릿을 검색합니다.
- 배경에 요소를 추가하고 텍스트를 편집합니다.

완성작품 미리 보기

불러올 파일 : 02차시_예제 완성된 파일 : 강아지 생일초대장_완성.png

템플릿(Template)이란?

디자인 작업을 더 쉽고 빠르게 시작할 수 있도록 미리 만들어진 디자인 레이아웃을 말합니다.
초보자 부터 전문가까지 누구나 활용할 수 있도록 다양한 스타일과 목적에 맞게 구성되어 있습니다.
캔바의 템플릿으로 텍스트, 이미지, 색상, 아이콘 등이 조화롭게 배치되어 바로 사용할 수 있습니다.

1 디자인 템플릿 적용하기

1 캔바를 실행한 후 [만들기(+)]를 클릭합니다.

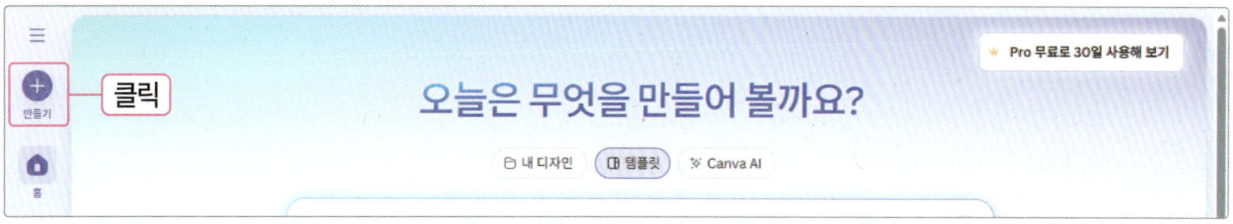

2 [디자인 만들기] 화면이 나오면 검색 창에 "생일초대장"을 입력하고 목록에서 [개 생일 초대장(세로형)] 디자인을 선택합니다.

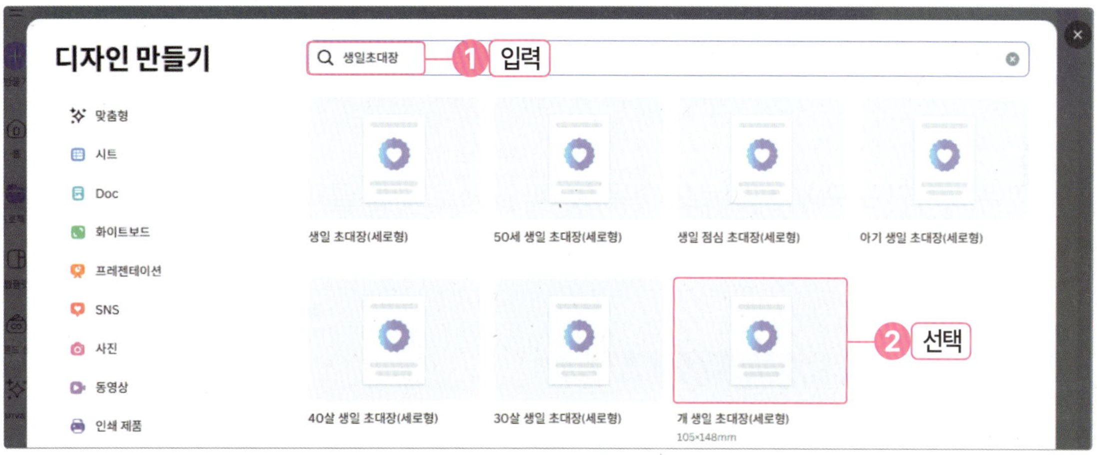

3 디자인 템플릿이 실행되면 원하는 템플릿을 클릭하여 캔버스에 적용합니다.

TIP

템플릿을 찾기 어렵다면 [02차시_예제] 파일을 불러와서 [파일]-[복사]를 클릭하여 사용합니다.

2 프레임에 이미지 삽입하기

1 강아지 사진을 선택한 후 [삭제(🗑)]-[이미지 삭제]를 클릭하여 삭제합니다.

2 왼쪽 디자인 도구에서 [업로드 항목]의 [파일 업로드]를 클릭한 후 강아지 그림을 업로드합니다.

↳ [열기] 대화상자의 [불러올 파일]-[02차시] 폴더에서 [강아지4] 파일을 선택 후 [열기]를 클릭

TIP

프레임이란?

이미지를 원하는 모양으로 자르거나, 사진과 영상을 다양한 형태로 넣을 수 있게 해주는 Canva의 디자인 요소입니다. 예를 들어, 원, 하트, 폴라로이드 등 다양한 모양의 프레임에 사진이나 영상을 드래그해서 넣으면 자동으로 그 모양에 맞게 잘려집니다.

3 업로드 항목에 사진이 업로드되면 사진을 클릭하여 캔버스에 삽입한 후 사진을 프레임에 드래그하여 삽입합니다.

3 텍스트 편집하기

1 캔버스 이미지의 텍스트를 더블클릭한 후 내용을 수정한 다음 글꼴 서식 및 효과를 수정합니다.

↳ 텍스트(강아지 생일초대) 수정 → 글꼴(210 프라모델), 글꼴 크기(48), 텍스트 색상(파스텔 빨간색), 효과-스타일(테두리), 두께(50), 색상(하얀색)을 적용

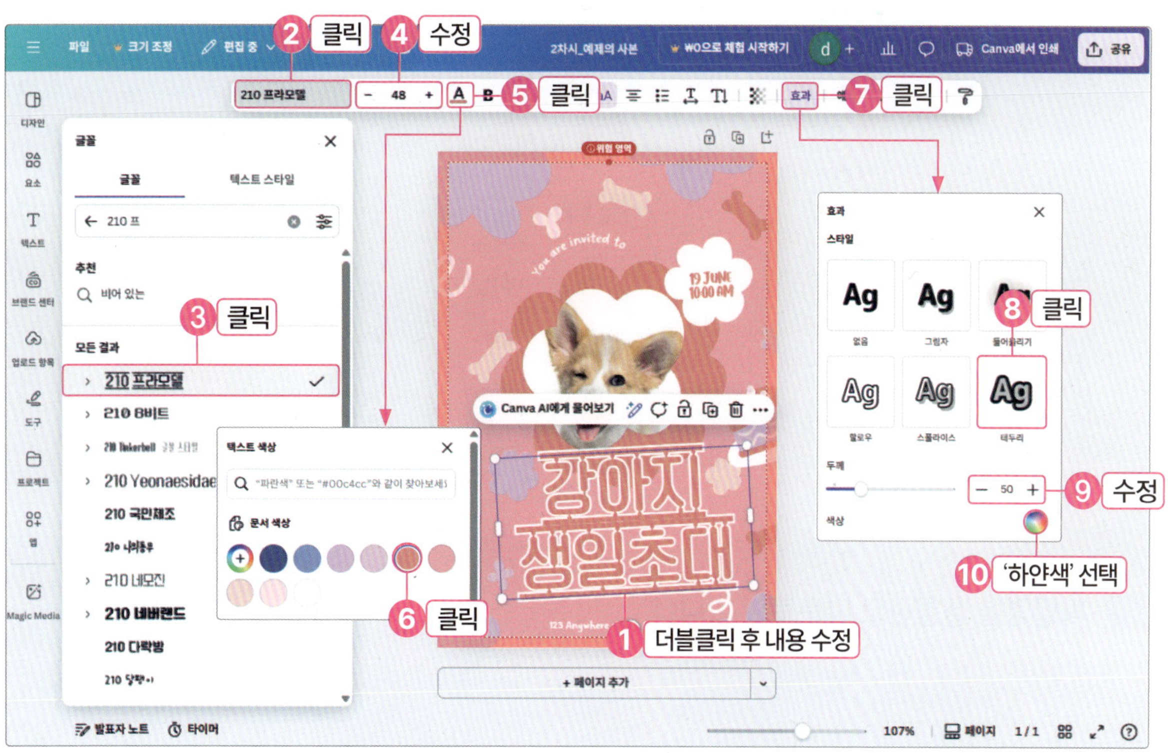

2 같은 방법으로 초대할 날짜, 시간을 입력하고 글꼴 서식을 수정합니다.

↳ 텍스트(3월 3일 오후 4시) 수정 → 글꼴(210밀레니얼), 글꼴 크기(12)를 수정

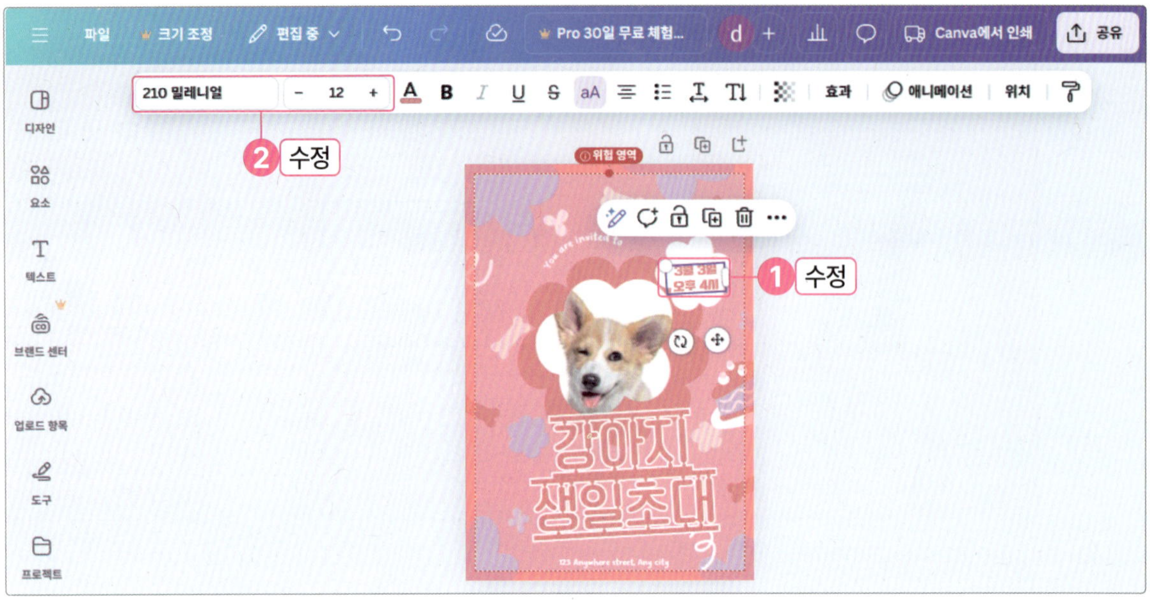

4 요소 삽입하기

1 템플릿에 삭제하고 싶은 요소를 클릭하여 삭제한 후 [요소( )]-[그래픽]에서 자동추천하는 이미지를 삽입합니다.

2 파일명을 설정하고 다운로드 합니다.

↳ [파일]을 클릭 → 파일 이름(강아지 생일초대장) 수정 → [공유]를 클릭 → [다운로드]를 클릭→ 파일 종류는 (PNG)로 설정

01 크리스마스 초대장, 키즈파티 초대장 만들기

- 디자인 만들기 : 크리스마스 초대장(세로형), 키즈 파티 초대장(세로형)
- 요소 삽입하기, 텍스트 편집하기, 이미지 업로드
- 완성된 작품 다운로드 하기

불러올 파일 : 2차시_미션예제1 / 2차시_미션예제2, 업로드항목 : 사진1~4.jpg
완성된 파일 : 크리스마스 초대장_완성.png / 키즈파티 초대장_완성.png

CHAPTER 03

포토캘린더 디자인 하기

학습 목표

- 디자인의 달력 템플릿을 검색합니다.
- 프레임에 사진을 추가하고 편집합니다.

완성작품 미리 보기

불러올 파일 : 03차시_예제 완성된 파일 : 포토캘린더_완성.PDF

포토캘린더는?

포토캘린더는 사진을 삽입하여 만드는 맞춤형 달력으로, 단순한 일정표를 넘어 추억을 담은 특별한 인테리어 소품이나 선물이 될 수 있습니다. 가족사진, 개인 사진, 여행지 사진 등 다양한 사진을 활용하여 달력 디자인을 직접 꾸밀 수 있으며, 기념일 표시 등도 추가할 수 있습니다.

1 디자인 템플릿 적용하기

1 캔바의 [만들기(+)]를 클릭한 후 [디자인 만들기] 화면이 나오면 검색 창에 "달력"을 입력하고 [달력] 디자인을 선택합니다.

TIP

템플릿을 찾기 어렵다면 [03차시_예제] 파일을 불러와서 [파일]-[복사]를 클릭하여 사용합니다.

2 템플릿 상세 검색란에 "2026포토"로 검색한 후 마음에 드는 포토달력을 선택하여 캔버스에 적용합니다.

↪ 달력 디자인이 모두 13개 페이지이므로 [모든 13개 페이지에 적용] 버튼을 클릭

2 크롬 구글에서 이미지 검색하기

1 인터넷 크롬 구글의 검색란에 "귀여운 동물" 이라고 입력하고 Enter를 누릅니다.
↳ 검색 필터 : [이미지]를 클릭하면 이미지만 검색

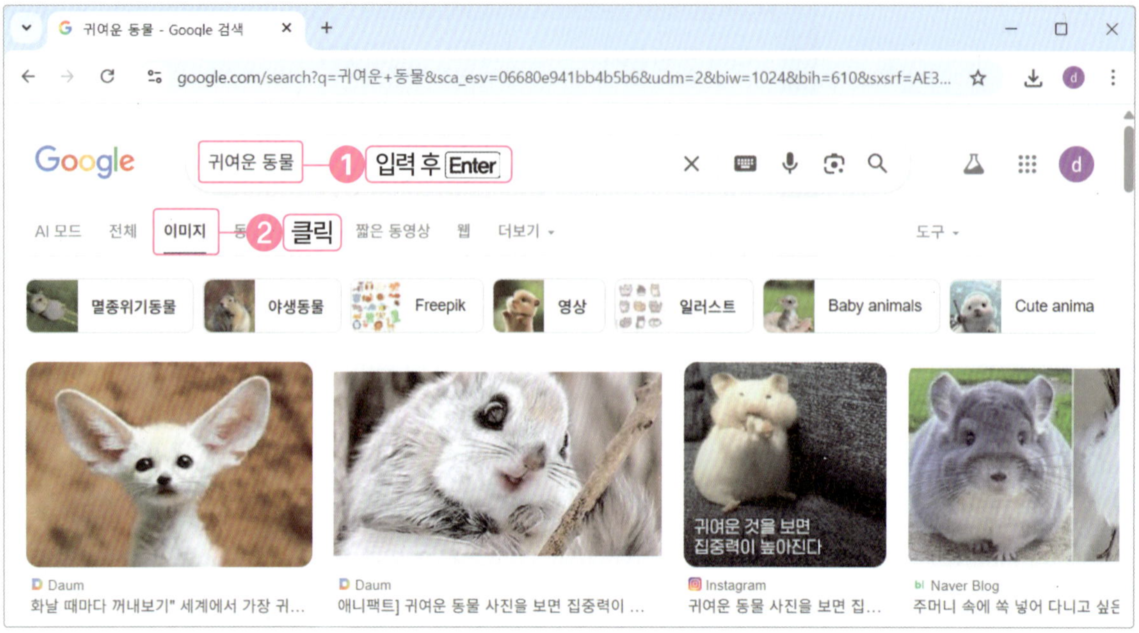

2 저장하고 싶은 이미지에서 마우스 오른쪽 버튼을 누르고 [이미지를 다른 이름으로 저장]을 클릭하여 바탕화면에 "사진1"로 저장합니다.

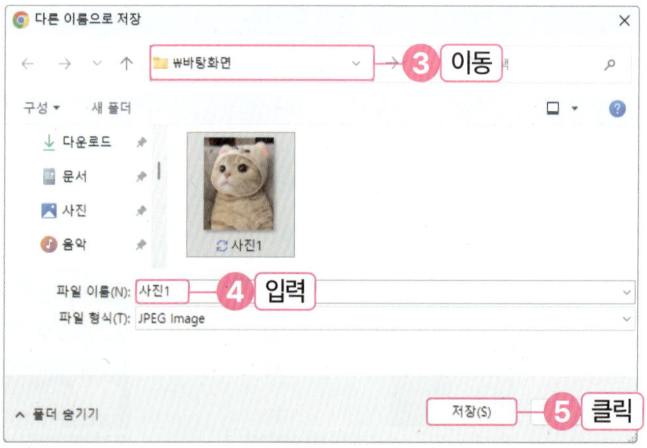

3 같은 방법으로 달력에 들어갈 여러 가지 동물 이미지를 13개 저장합니다.

3 달력 템플릿에 이미지 업로드 하기

1 캔바의 왼쪽 디자인 도구에서 [업로드 항목]-[파일 업로드]를 클릭한 후 [바탕화면의] 사진1~사진13을 모두 선택한 다음 [열기]를 클릭합니다.

↪ 여러 개의 이미지 선택 : 첫 번째 이미지를 클릭 후 Shift를 누르고 마지막 이미지를 클릭

TIP

달력 예제의 동물 이미지 파일은 [불러올파일]-[3차시] 폴더에서 불러올 수 있습니다.

2 왼쪽 업로드 창에 추가된 이미지가 나타납니다. 이미지를 달력 프레임에 드래그하면 자동으로 사진이 삽입됩니다.

3 같은 방법으로 달력의 모든 페이지의 프레임에 사진을 삽입합니다.

↳ 업로드 한 사진에서 임의로 선택하여 삽입한 후 조절점으로 프레임의 크기를 조절하고 회전하여 편집

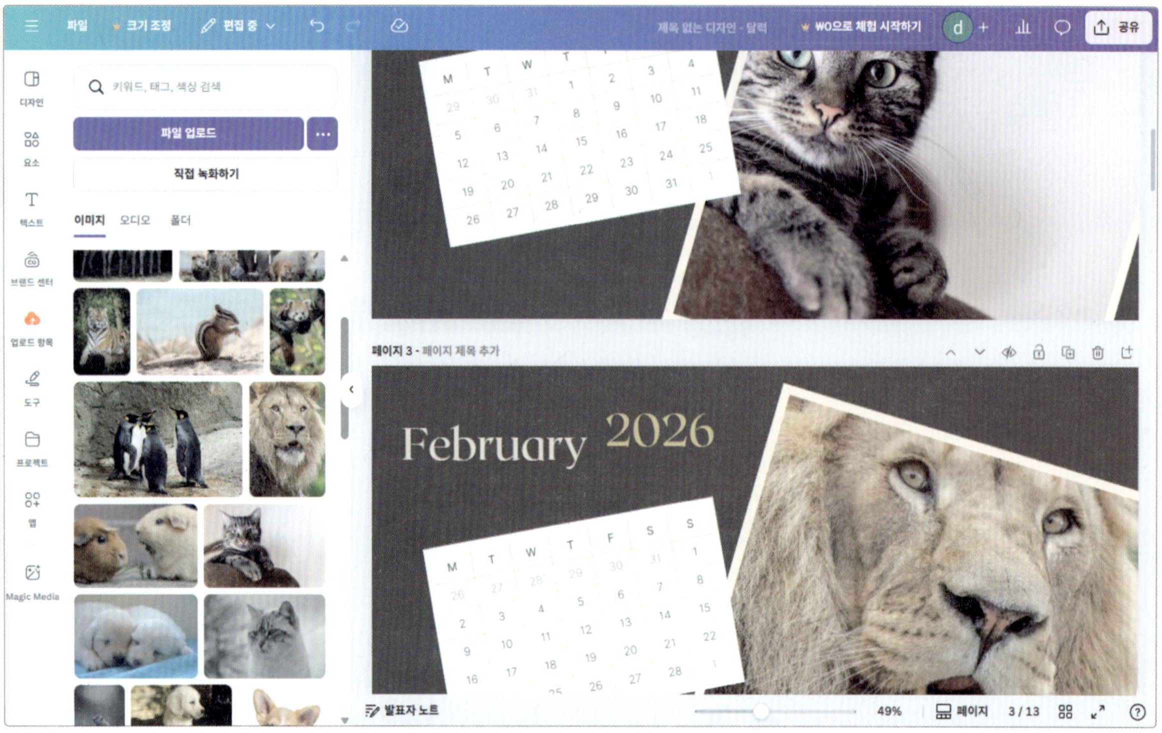

TIP

프레임 안에 삽입한 이미지를 더블클릭하면 원본 사진이 표시되고 드래그하여 위치를 변경할 수 있습니다.

4 파일명을 설정하고 다운로드 합니다.

↳ [파일]을 클릭 → 파일 이름(포토캘린더) 수정 → [공유]-[다운로드]를 클릭 → 파일 종류는(PDF 표준)로 설정

똑똑 학습

캔바를 이용한 똑똑한 놀이

CHAPTER 03

01 캐릭터달력 만들기

- 디자인 만들기 : 달력(2026)
- 결과화면을 참고하여 임의의 요소를 삽입하고 완성된 작품 다운로드 하기

불러올 파일 : 03차시_미션예제　　완성된 파일 : 캐릭터달력_완성.PDF

CHAPTER 04

주간 메뉴판 만들기

학습 목표

- 주간 메뉴판 템플릿을 적용합니다.
- 요소와 텍스트를 편집합니다.

완성작품 미리 보기

불러올 파일 : 04차시_예제　완성된 파일 : 주간메뉴판_완성.png

메뉴판 만들기

주간 메뉴판은 요일마다 내가 먹고 싶은 특별한 식사 메뉴를 미리 계획하고 이미지와 제목을 추가하여 보여주는 표를 의미합니다. 이번 주는 어떤 메뉴가 먹고 싶은지 잘 생각하고 작성해 봅니다.

1 디자인 템플릿 적용하기

1 캔바의 [만들기(⊕)]를 클릭한 후 [디자인 만들기] 화면이 나오면 검색 창에 "주간메뉴판"을 입력하고 [메뉴판(세로형)] 디자인을 선택합니다.

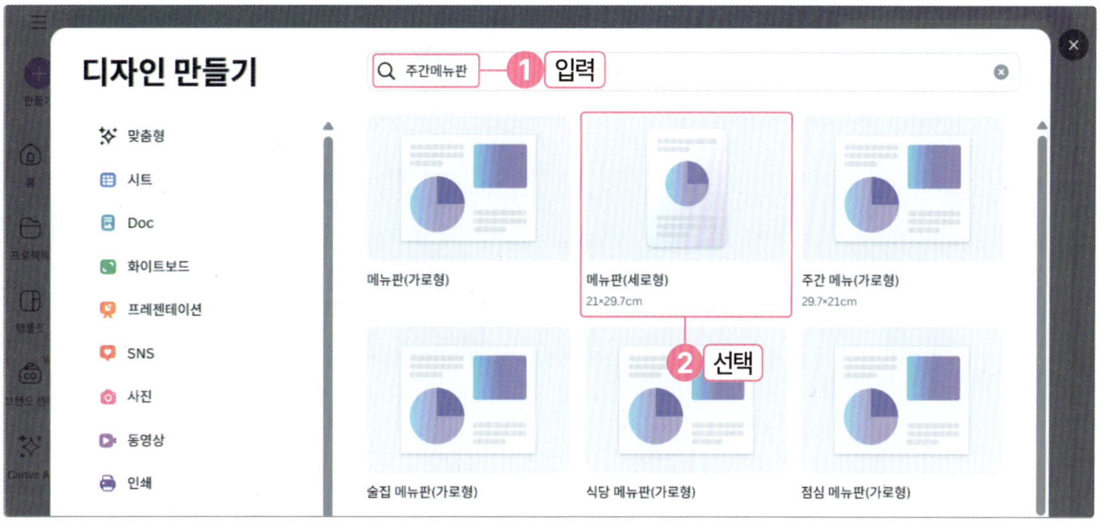

2 디자인 템플릿 검색어를 "meal planner"를 입력하여 원하는 템플릿이 검색되면 클릭하여 캔버스에 적용합니다.

TIP
템플릿을 찾기 어렵다면 [04차시_예제] 파일을 불러와서 [파일]-[복사]를 클릭하여 사용합니다.

2 템플릿 스타일 편집하기

1 템플릿 상세 검색란의 검색어(meal planner)를 삭제한 후, [스타일] 탭을 클릭하여 [색상 팔레트]로 색상 스타일을 바꿉니다.

↪ 스타일 검색어(meal planner)를 삭제해야 스타일 목록이 표시되며, 색상 스타일은 임의로 적용

2 메뉴판의 제목을 삭제하고 왼쪽 도구의 [텍스트(T)]-[글꼴 조합] 중에서 원하는 디자인을 선택합니다.

↪ 텍스트 검색(지금 유행중)을 이용하여 검색

3 삽입한 제목 텍스트를 클릭한 후 [그룹 해제]를 클릭하여 그룹을 해제하고 위쪽 텍스트(지금)를 삭제한 다음 내용(주간메뉴)을 수정합니다.

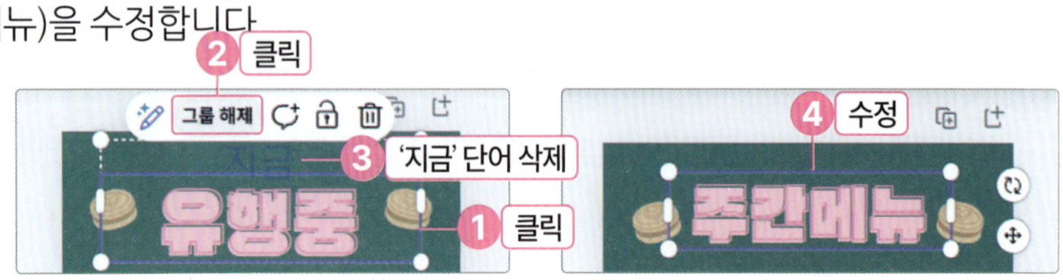

4 캔버스 디자인에서 필요 없는 도형을 삭제하고 크기를 조절하여 스타일을 편집합니다.

3 요소 삽입하기

1 왼쪽 디자인 도구의 [요소( )]-[그래픽] 항목을 클릭한 후 음식을 검색하여 캔버스에 삽입합니다.

2 같은 방법으로 요일별 먹고싶은 음식을 검색하여 주간메뉴 도형 속에 삽입합니다.

↳ 검색어
돈가스, 생일케잌
볶음밥, 떡볶이
불고기, 치킨

4 텍스트 입력하기

1 왼쪽 디자인 도구의 [텍스트(T)]-[부제목 추가]를 클릭하여 캔버스에 삽입합니다.

2 캔버스에 추가된 텍스트 상자에 음식 이름을 입력하고 글꼴 디자인 서식을 수정합니다.

↪ 글꼴 편집 : 글꼴(210 네버랜드), 글꼴 크기(32), 글꼴 색(어두운녹색)

3 입력된 텍스트를 [복제( )]를 클릭하여 복제한 후 내용을 수정합니다.

↪ 복제된 텍스트를 더블클릭하여 내용을 입력하고 글꼴 설정을 수정(글꼴 색 : 임의로 수정)

4 파일명을 설정하고 다운로드 합니다.

↪ [파일]을 클릭 → 파일 이름(주간메뉴판) 수정 → [공유]를 클릭 → [다운로드]를 클릭 → 파일 종류는(PNG)로 설정

CHAPTER 04

똑똑 학습

캔바를 이용한 똑똑한 놀이

01 카페 메뉴판 만들기

- 디자인 만들기 : 메뉴판 - 메뉴판(가로형)
- 디자인 검색 : 카페메뉴판
- 결과화면을 참고하여 텍스트삽입 및 요소 삽입하기, 완성된 작품 다운로드 하기

불러올 파일 : 04차시_미션예제　　완성된 파일 : 카페메뉴판_완성.png

CHAPTER 05

칭찬 스티커판 만들기

학습 목표

- 칭찬 스티커판 템플릿을 적용합니다.
- 요소, 도형을 편집합니다.

완성작품 미리 보기

불러올 파일 : 05차시_예제　완성된 파일 : 칭찬스티커판_완성.png

칭찬 스티커 판

칭찬 스티커 판은 아이의 구체적인 행동을 칭찬하고, 목표와 보상을 명확하게 설정하며, 단기적인 기간을 정해 보상을 즉시 제공하는 방식으로 활용합니다. 칭찬 스티커는 아이의 성취감을 높이고 긍정적 행동을 유도합니다. 부모님과 함께 칭찬스티커의 목표를 구체적으로 설정해 보세요!

1 템플릿 적용하기

1 캔바의 홈 화면에서 템플릿 검색어를 "칭찬 스티커판"이라고 입력하고 검색합니다.

2 칭찬 스티커판 템플릿이 검색되면 마음에 드는 템플릿을 선택하고 [이 템플릿 맞춤 편집하기]를 클릭합니다.

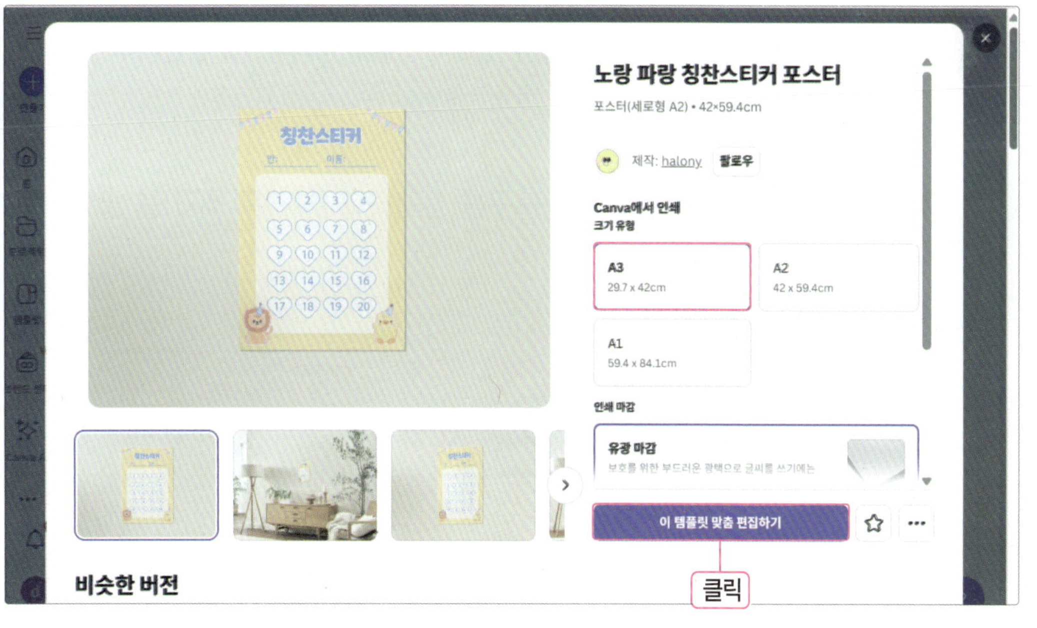

2 텍스트 입력하기

1 칭찬스티커판 템플릿이 화면에 열리면 제목 텍스트의 글꼴 서식 및 효과를 편집합니다.

↳ 텍스트 색(라이트 라벤더), 효과 : 스타일(테두리), 두께(100), 색상(하얀색), 도형(곡선), 곡선(60)

> **TIP**
>
> **글꼴 조합 알아보기**
>
> 왼쪽 텍스트 도구 [글꼴 조합] 디자인은 서로 잘 어울리는 두 가지 이상의 글꼴을 조합하여 시각적으로 조화롭고 효과적인 메시지를 전달할 수 있도록 만들어진 디자인을 말합니다.

2 왼쪽 디자인 도구의 [텍스트(T)] 도구를 선택하고 [부제목 추가]를 클릭하여 텍스트 상자를 추가합니다.

↳ 반과 이름 입력하기 → 글꼴과 텍스트 색상은 하고 싶은 종류로 선택

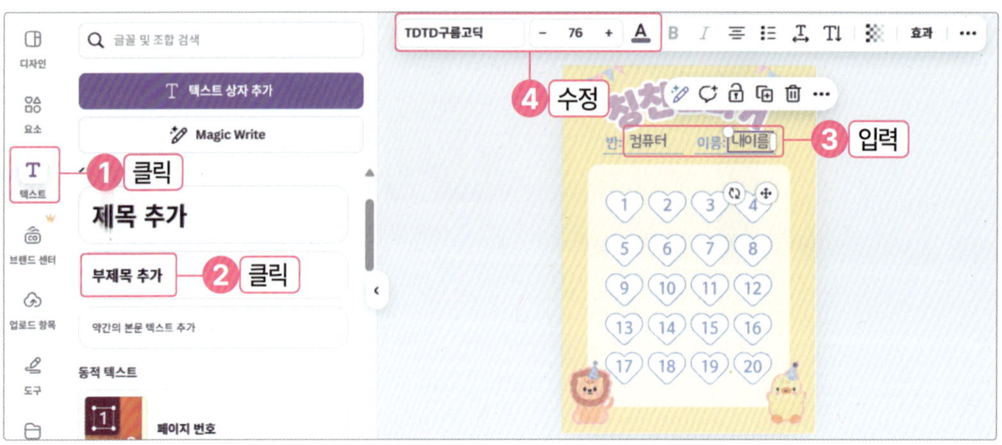

3 도형 편집과 요소 꾸미기

1 칭찬 스티커판의 도형을 편집하기 위해 도형을 클릭하고 [그룹 해제]를 클릭합니다.

TIP

그룹 해제 알아보기

그룹 해제란? 여러 개의 요소(텍스트, 이미지, 도형 등)를 묶어놓은 그룹을 다시 각각 분리하는 기능입니다. 예를 들어, 글자와 캐릭터를 함께 선택해서 '그룹'으로 묶어놓으면 한 덩어리처럼 움직이는데, 그룹 해제를 하면 다시 각각 따로 선택하고 수정할 수 있게 됩니다.

2 칭찬스티커판의 도형을 변경하기 위해 위쪽 도형을 한꺼번에 선택한 후 마음에 드는 도형으로 변경합니다.

↪ 도형 변경 : [편집]을 클릭한 후 도형 목록에서 원하는 도형을 선택

3 상단 메뉴의 [색상( )]을 클릭하고 도형의 색상을 설정합니다.

4 같은 방법으로 나머지 도형들도 모양 편집 및 색상을 수정합니다.

5 왼쪽 디자인 도구의 [요소( )]-[그래픽]을 클릭한 후 추가하고 싶은 요소를 검색하여 추가합니다.

6 파일명을 설정하고 다운로드 합니다.

[파일]을 클릭 → 파일 이름(칭찬스티커판) 수정 → [공유]를 클릭 → [다운로드]를 클릭 → 파일 종류는(PNG)로 설정

똑똑 학습

캔바를 이용한 똑똑한 놀이

CHAPTER 05

01 커피스템프 만들기

- 템플릿 검색 : Stamp Card
- 텍스트편집, 도형편집, 요소 삽입하기
- 완성된 작품 다운로드 하기

불러올 파일 : 05차시_미션예제 완성된 파일 : 커피스템프_완성.png

CHAPTER 06

도형으로 동물이름표 만들기

학습 목표

- 프레젠테이션 예제파일을 불러옵니다.
- 도형, 텍스트를 편집합니다.

완성작품 미리 보기

불러올 파일 : 06차시_예제　　완성된 파일 : 동물이름표_완성.png

프레젠테이션의 정의

프레젠테이션이란, 어떤 주제나 정보를 청중에게 효과적으로 전달하기 위해 말과 시각 자료를 활용하는 의사소통 활동을 말합니다. 발표자는 청중이 내용을 쉽게 이해하고 공감할 수 있도록 내용을 체계적으로 구성하고, 슬라이드나 영상 등의 시각 자료를 함께 사용하여 메시지를 명확히 전달합니다.
학교 과제나 발표자료로 자주 사용되는 프로그램입니다.

1 예제 파일 불러오기

1 [캔바] 예제 파일 사이트에 접속하여 [06차시_예제] 파일을 불러옵니다.

↪ 상단 메뉴에 [보기모드]라고 표기되어 편집이 되지 않는 상태의 파일이 열림

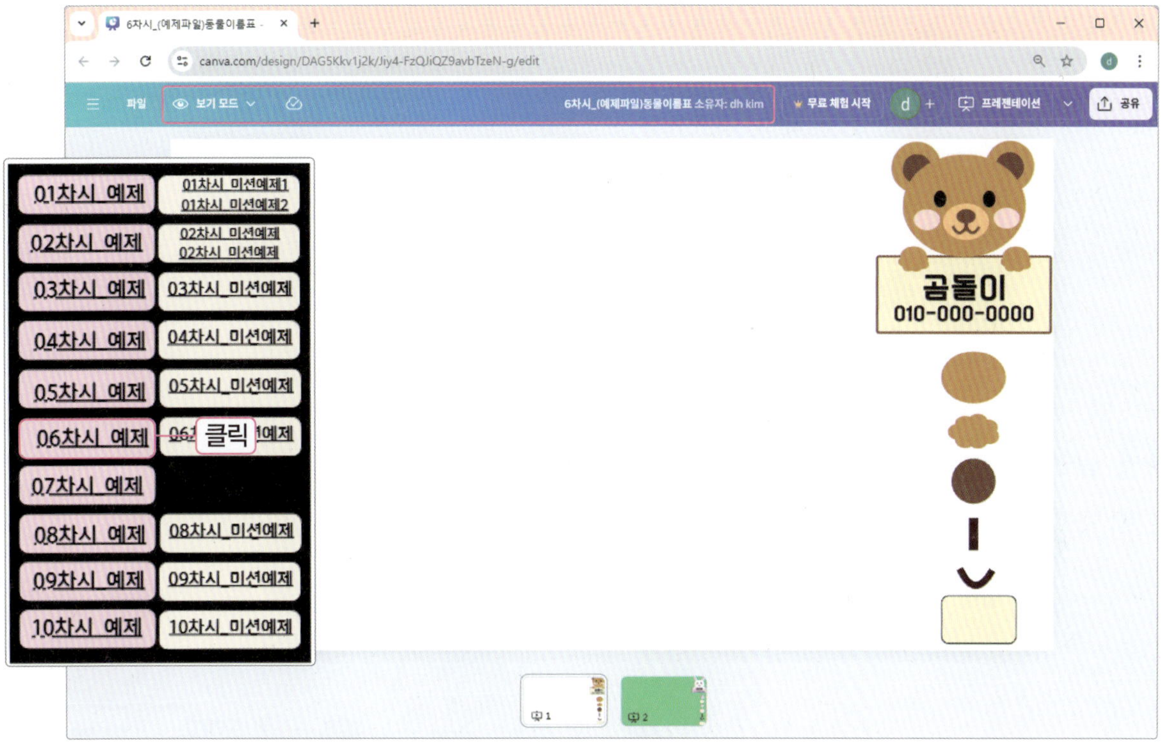

2 상단 메뉴의 [파일]-[복사]를 클릭하면 편집 가능한 상태의 [6차시_(예제파일)동물이름표의 사본] 탭이 복사됩니다.

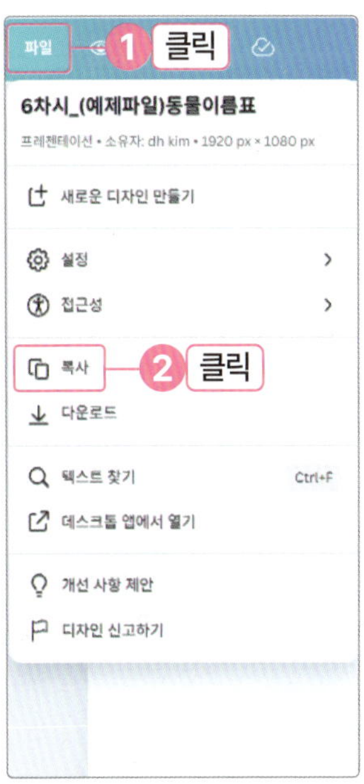

2 도형 편집하기

1 곰돌이 얼굴을 그리기 위해 타원을 선택하고 [복제( )]를 클릭한 다음 이동 및 크기를 수정합니다.

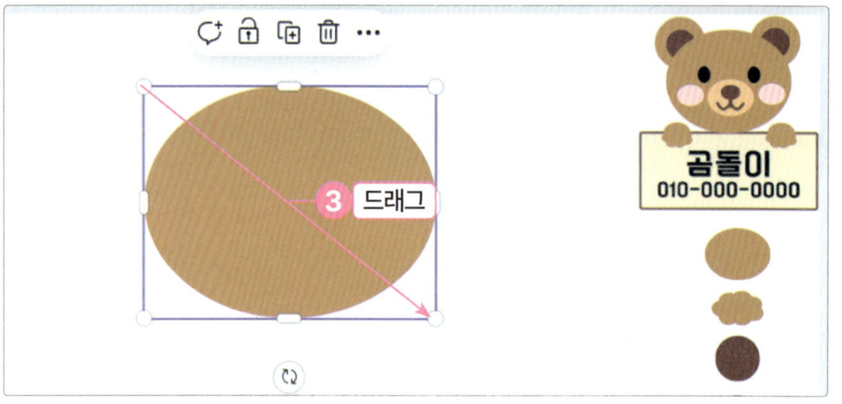

2 같은 방법으로 타원을 복제하여 곰돌이 귀를 완성합니다.

회전 : 도형을 선택한 후 [회전( )] 버튼을 드래그

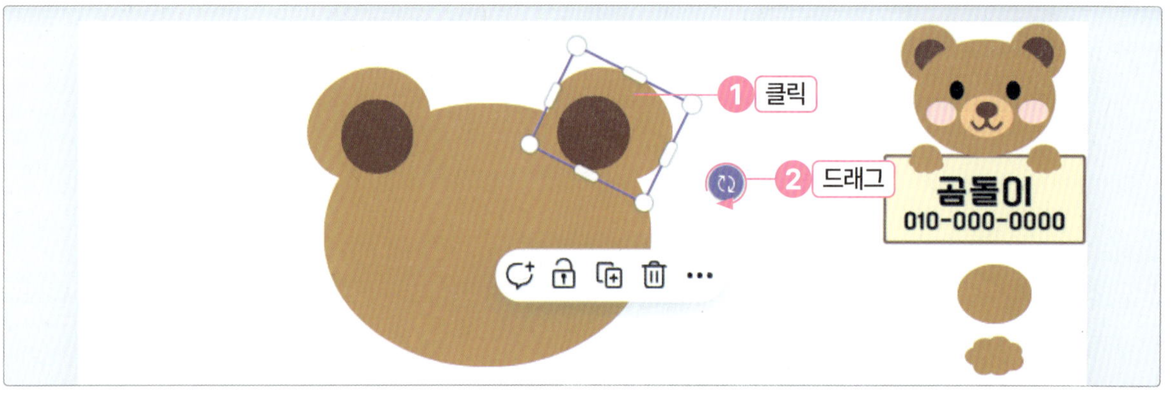

3 도형의 레이어 순서를 변경하기 위해 얼굴을 클릭하고 [마우스 오른쪽] 버튼을 눌러 [레이어]-[맨 앞으로 가져오기]를 클릭합니다.

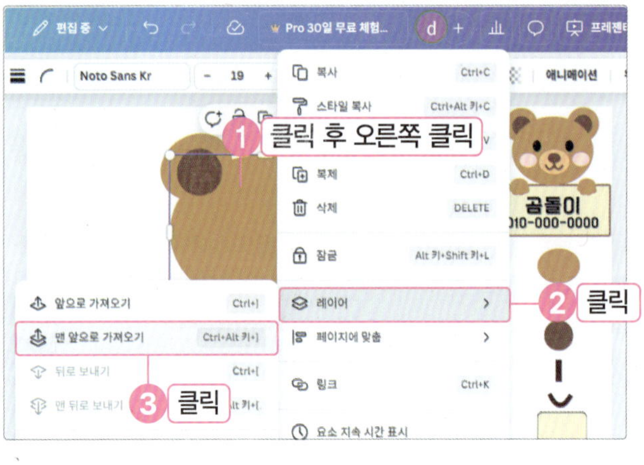

4 같은 방법으로 도형을 복제, 회전, 색 변경 기능을 적용하여 곰돌이 얼굴을 완성합니다.

↪ [스트로크 색상( )], [스트로크 스타일( )], 스트로크 굵기(20) 설정

TIP

레이어의 개념 알아보기

레이어란? 디자인을 구성하는 요소(도형, 요소, 텍스트, 그림)들이 쌓이는 순서(위치)를 의미해요.
쉽게 말해, 무엇이 위에 보이고 무엇이 뒤에 가려지는지를 정하는 개념이에요.

3 텍스트 입력하기

1 디자인 편집 도구의 [텍스트]-[제목 추가]로 이름과 전화번호를 입력합니다.

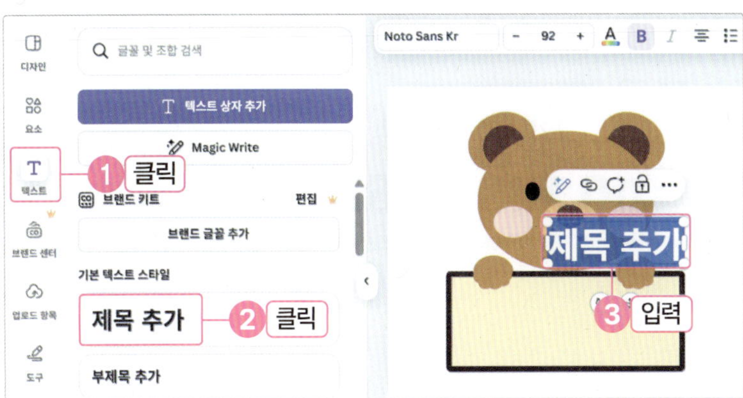

2 입력한 텍스트를 선택하고 글꼴 디자인 서식을 수정합니다.

↪ 글꼴(210 다락방), 글꼴 크기(이름(100), 전화번호(70)), 텍스트 색상(검정), 고급설정(줄간격(1))

3 같은 방법으로 2페이지의 [하양이] 동물 이름표를 완성합니다.

4 파일명을 설정하고 다운로드 합니다.

↪ [파일]을 클릭 → 파일 이름(동물이름표) 수정 → [공유]를 클릭 → [다운로드]를 클릭 → 파일 종류는(PNG)로 설정

CHAPTER 06

똑똑 학습

캔바를 이용한 똑똑한 놀이

01 캐릭터 메모지 만들기

- 예제 파일 불러오기
- 도형 편집하기(색상, 복제, 회전, 레이어순서)
- 텍스트 입력하기

불러올 파일 : 06차시_미션예제　　완성된 파일 : 캐릭터메모지_완성.png

CHAPTER 07

내 꿈을 담은 응원 POP 만들기

학습 목표

- 텍스트 효과 기능을 이용하여 응원 POP 손글씨를 만들어 봅니다.
- 텍스트 효과 기능을 자유롭게 사용합니다.

완성작품 미리 보기

불러올 파일 : 07차시_예제 완성된 파일 : 응원 POP_완성.png

POP란?

POP는 'Point of Purchase'의 줄임말로 가게나 행사장에서 손님들의 눈길을 끌기 위해 사용됩니다.
멀리서 봐도 잘 보이도록 크고 알기 쉽게 글씨를 쓰는 것이 POP의 특징입니다.
글씨를 크고 굵게, 색깔은 알록달록 예쁘게, 문장은 짧고 쉽게 쓰는 것이 좋습니다.
보기만 해도 무슨 내용인지 알 수 있도록 꾸미는 것이 좋습니다.

1 예제 파일 불러오기

1 [캔바] 예제 파일 사이트에 접속하여 [07차시_예제] 파일을 불러옵니다.

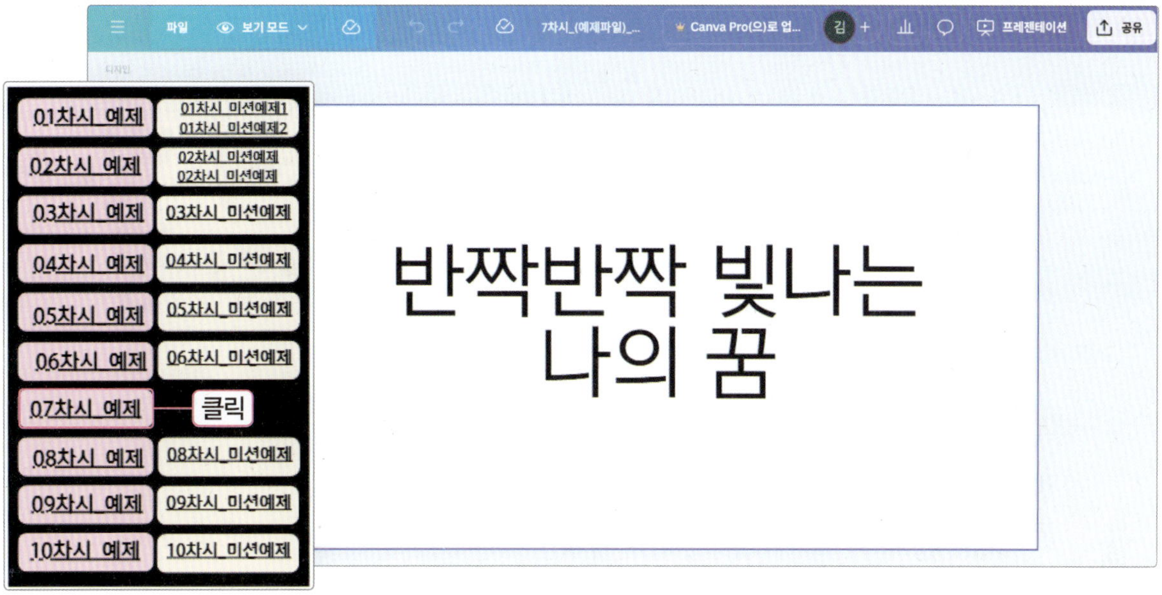

2 [파일]-[복사]를 클릭하여 편집이 가능한 복사본 상태로 변경합니다.

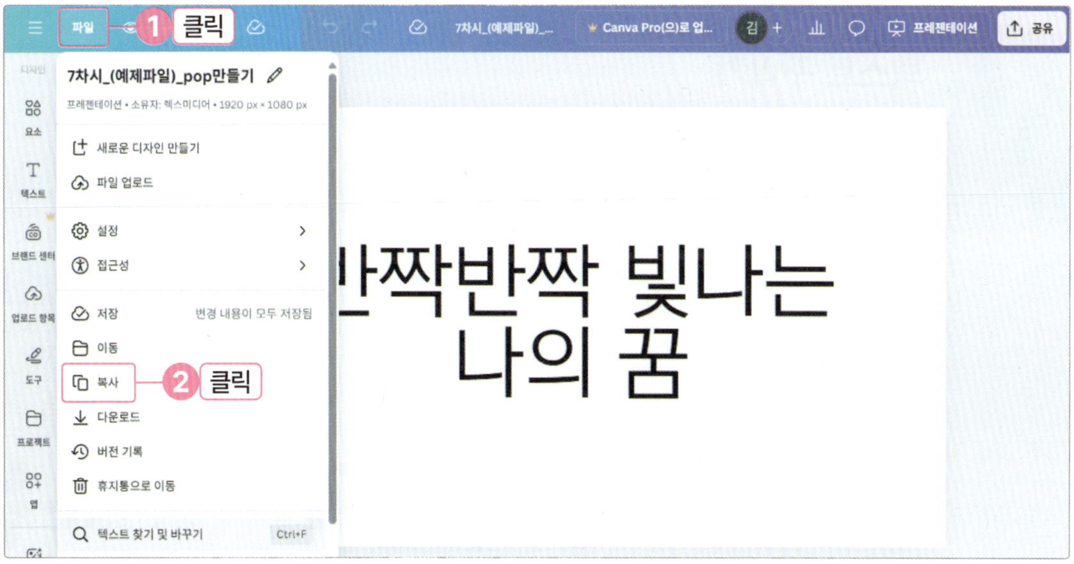

TIP

예제 파일은 편집할 수 없는 상태의 보기만 가능한 파일이므로, 반드시 파일을 복사하여 편집 가능한 상태로 바꾸어 사용해야 합니다.

3 캔버스에 입력된 텍스트 상자를 선택하고 글꼴을 설정합니다.

↪ 글꼴편집: 글꼴(TDTD공원숲)과 글꼴 크기(220)

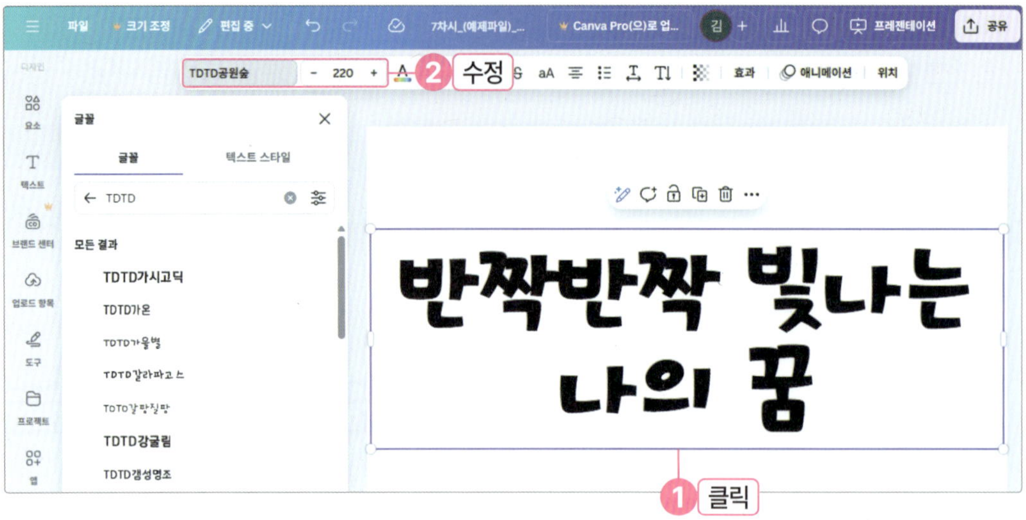

TIP

POP에 어울리는 글꼴 찾기

글꼴 검색 시 검색창에 'TDTD'를 입력하여 검색하면 POP에 어울리는 다양한 글꼴들이 많이 나옵니다. POP에 어울리도록 굵고, 눈에 잘 띄는 글꼴을 선택해 보세요.

2 텍스트 꾸미기

1 [고급설정( )]을 클릭한 후 글자 간격(30)과 줄 간격(1.2)을 수정합니다.

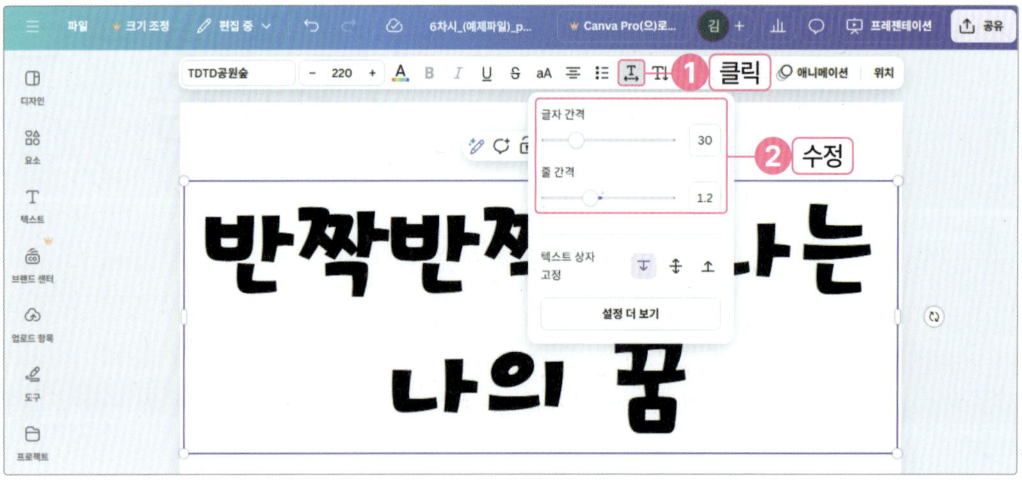

2 한 글자씩 드래그하여 선택한 후 [텍스트 색상(A)]을 눌러 알록달록한 색상으로 수정합니다.

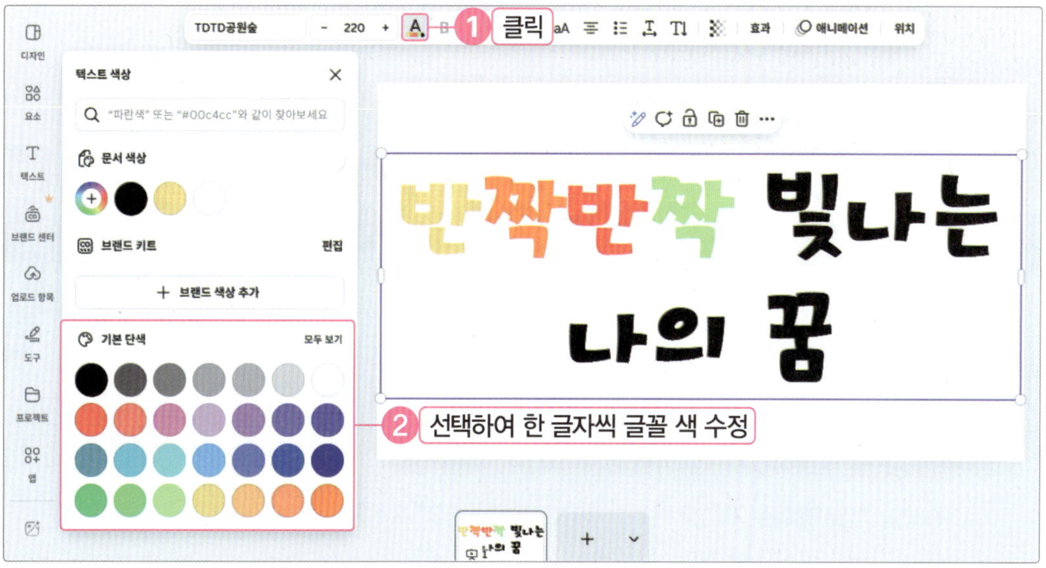

TIP

[기본 단색] 항목의 [모두 보기]를 클릭하면 다양한 색 목록을 확인할 수 있습니다.

3 글자 테두리를 디자인하기 위해 상단 텍스트 메뉴의 효과를 수정합니다.

효과 : 스타일(테두리), 두께(150), 색상(검정색)

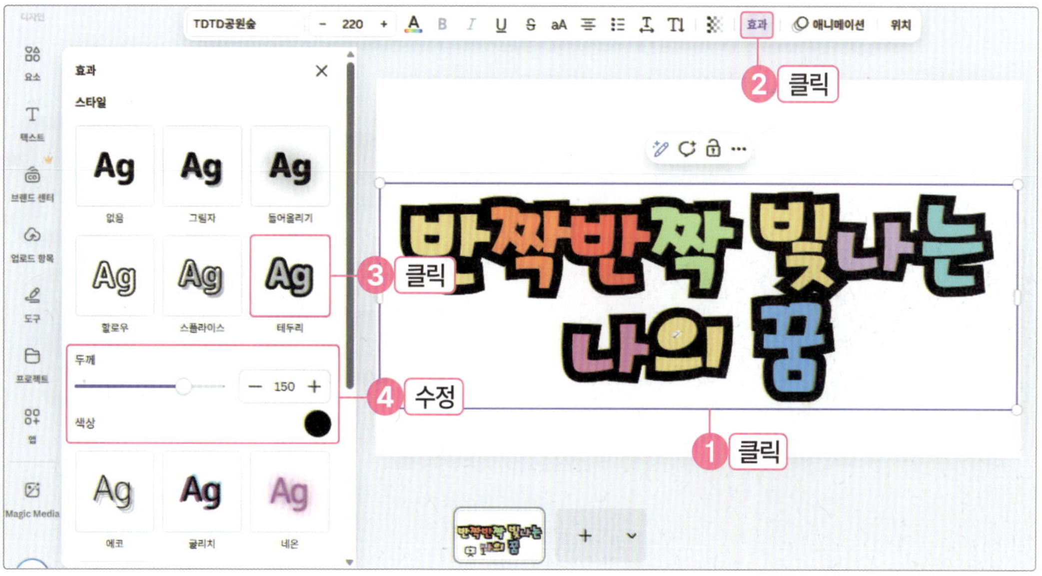

4 텍스트에 반짝이는 효과 설정을 위해 [도구]를 마커로 바꾸고 글자에 반짝이는 효과를 지정합니다.

↳ [도구( )] → [Draw( )] → [마커]를 클릭 → 색상(하얀색) 선택

TIP

Draw 기능 알아보기

Draw 기능은 자유롭게 그림을 그릴 수 있는 도구입니다. 펜, 마커, 형광펜 등 다양한 도구를 선택해 원하는 선을 그릴 수 있습니다. 색상과 두께도 조절할 수 있어 세밀한 표현이 가능합니다.

5 [요소( )]-[그래픽]을 이용하여 글씨에 어울리는 그래픽 이미지를 추가합니다.

↳ 추천 검색어 : 빛, 별, 반짝임, 용기, 희망, 사랑

6 파일명을 설정하고 다운로드 합니다.

↳ [파일]을 클릭 → 파일 이름(POP만들기) 수정 → [공유]를 클릭 → [다운로드]를 클릭 → 파일 종류는(PNG)로 설정

똑똑 학습

캔바를 이용한 똑똑한 놀이

CHAPTER 07

01 체육대회를 빛내는 응원 POP를 만들어 보세요.

- 디자인 만들기 : 프레젠테이션(16:9)
- 텍스트 입력하기
- 텍스트 효과 사용하기
- Draw 사용하기, 요소 삽입하기
- 완성된 작품 다운로드 하기

불러올 파일 : 없음 완성된 파일 : 체육대회 응원 POP(1)_완성.png / 체육대회 응원 POP(2)_완성.png

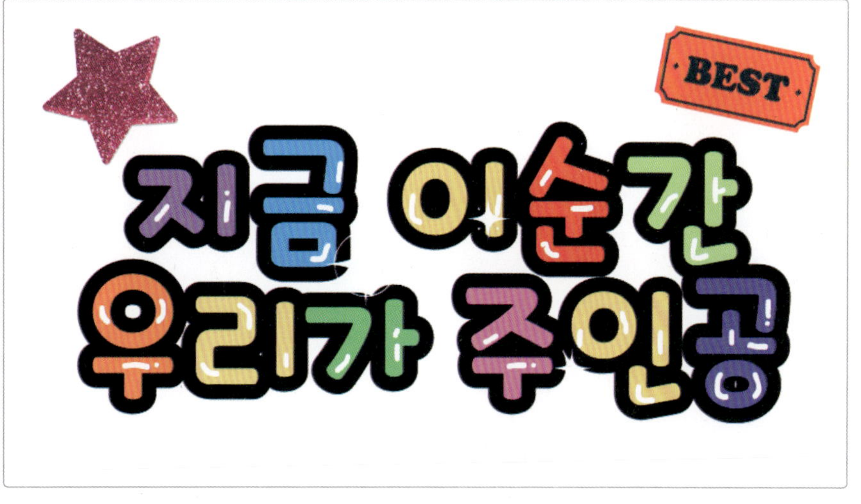

PART 02

캔바로 프레젠테이션 만들기

Part2의 작품은 캔바를 활용하여 초등학생에 친숙한 발표용 프레젠테이션 활용에 맞게 구성되었습니다. 깔끔한 레이아웃과 템플릿을 통해 학습 내용을 쉽고 재미있게 전달합니다. 학생들에게는 시각적으로 친근한 학습으로 참여를 유도하는 것이 특징입니다.

CHAPTER 08

자기소개서 ppt 만들기

학습 목표

- 텍스트, 프레임 기능을 이용하여 나를 멋지게 소개합니다.
- 요소의 이미지와 프레임 기능을 자유롭게 사용합니다.

완성작품 미리 보기

불러올 파일 : 08차시_예제　　완성된 파일 : 자기소개서_완성.pdf

자기소개 ppt란?

자기소개 PPT는 자신을 소개하기 위해 프레젠테이션(PPT) 프로그램을 이용해 시각적으로 구성한 자료를 의미합니다. 채용이나 발표 등 자신을 효과적으로 어필해야 하는 상황에서, 자신의 경험, 역량, 강점, 성격 등을 간결하고 인상 깊게 전달하는 데 주로 활용됩니다.

1 예제 파일 불러오기

1 [캔바] 예제파일 사이트에 접속하여 [08차시_예제] 파일을 불러옵니다.

2 [파일]-[복사]를 클릭하여 편집이 가능한 상태로 변경합니다.

2 자기소개 PPT 꾸미기

1 [2번 페이지]에서 [요소( )]-[사진]을 이용하여 나의 모습과 비슷한 사진을 검색합니다.

↳ 추천 검색어 : 초등학생 남자, 초등학생 여자, 남학생, 여학생

2 선택한 사진을 드래그하여 프레임 위에 놓으면, 프레임 모양에 맞춰 사진이 입력됩니다.

3 이름과 나이 옆의 빈칸을 더블클릭하고 내용을 입력합니다.

↳ 글꼴 및 글꼴 크기, 텍스트 색상은 원하는 스타일로 자유롭게 수정

4 [요소( )]-[그래픽]을 이용하여 화면에 어울리는 이미지들을 검색하고 캔버스에 삽입합니다.

↳ 추천 검색어 : 귀여운, 예쁜, 하트, 꽃, 별, 고양이, 강아지 등

5 [3번 페이지]에서 내가 좋아하는 음식, 색, 계절, 동물을 입력한 후 [요소( )]-[사진]을 이용하여 해당하는 이미지를 검색한 다음 프레임 안에 삽입합니다.

TIP

이미지를 분리하고 싶을 경우 프레임을 더블클릭한 후 마우스 오른쪽 단추를 눌러 [이미지 분리하기]를 선택합니다.

6 프레임 안에 삽입된 이미지의 위치를 조정하기 위해 이미지를 더블클릭한 후 드래그하면 위치를 조정할 수 있습니다.

7 [4번 페이지]에서 내가 가장 싫어하는 것이 무엇인지 입력한 후 [요소(요소 아이콘)]-[사진]을 이용하여 이미지를 검색한 다음 프레임 안에 삽입합니다.

8 [5번 페이지]에서 내가 가보고 싶은 여행지가 어디인지 입력한 후 [요소(요소 아이콘)]-[사진]에서 이미지를 검색한 다음 프레임 안에 삽입합니다.

9 [6번 페이지]에 '나를 표현하는 키워드'의 내용을 빈 도형에 입력합니다.

10 [7번 페이지] '나의 꿈'을 빈 도형에 입력한 후 [요소( )]를 이용하여 이미지를 검색한 다음 프레임 안에 삽입합니다.

11 마지막 페이지에는 [텍스트(T)]-[제목추가]를 클릭한 다음 친구들에게 하고싶은 말을 입력합니다.

↪ 예시 : 앞으로 친하게 지내자!, 좋은 친구가 될게!, 사이좋게 지내자!

12 [2번 페이지]로 이동한 후 제목 텍스트(나를 소개합니다!)에 애니메이션 효과를 적용합니다.

↪ 제목 텍스트를 선택한 후 애니메이션 → [타자기]를 선택

13 같은 방법으로 사진에도 애니메이션 효과를 적용합니다.

사진을 선택한 후 [애니메이션]에서 원하는 애니메이션 효과를 선택

TIP

애니메이션 기능 알아보기

- 애니메이션 기능은 글자와 그림에 움직임을 주어 화면을 더욱 생동감 있게 만들 수 있습니다.
- 애니메이션을 적용하면 발표 자료나 동영상이 마치 살아 움직이는 것처럼 보입니다.
- 타자기, 디졸브, 확대, 흐름 등 다양한 효과와 애니메이션의 속도를 조절할 수 있습니다.

14 같은 방법으로 각각의 페이지 요소에 원하는 애니메이션 효과를 적용하여 슬라이드를 완성합니다.

페이지의 요소를 선택한 후 [애니메이션]을 클릭한 다음 원하는 애니메이션을 임의로 지정

15 [1페이지]를 클릭하고 오른쪽 상단의 [프레젠테이션: 전체화면 표시]를 클릭하면 전체 화면에서 프레젠테이션이 실행됩니다.

슬라이드 이동 : 다음 슬라이드(→), 이전 슬라이드(←)

TIP

프레젠테이션 모드에서 발표를 도와주는 단축키

① 0 : 타이머 표시 / 숨기기
② B : 화면 흐리기
③ C : 색종이 폭죽 효과
④ D : 드럼 소리
⑤ M : 마이크를 떨어뜨리는 효과
⑥ O : 비누방울 효과
⑦ Q : '조용히 해주세요' 아이콘 표시
⑧ U : 커튼과 환호성 효과

16 파일명을 설정하고 다운로드 합니다.

[파일]을 클릭 → 파일 이름(자기소개하기) 수정 → [공유]-[다운로드]를 클릭 → 파일 종류는(PDF 표준)로 설정

똑똑 학습

캔바를 이용한 똑똑한 놀이

CHAPTER 08

01 우리가족 소개 PPT를 만들어 보세요.

- 예제 파일 불러오기
- 텍스트 입력하기
- 요소 삽입하기
- 완성된 작품 다운로드 하기

불러올 파일 : 08차시_미션예제　　완성된 파일 : 우리가족 소개하기_완성.pdf

CHAPTER 09

우리 지역의 대표 관광지 소개하기 (수원 화성)

학습 목표

- 요소의 프레임 기능을 이용하여 수원 화성 모습을 소개합니다.
- 텍스트와 요소의 이미지를 자유롭게 사용합니다.

완성작품 미리 보기

불러올 파일 : 09차시_예제 완성된 파일 : 우리지역의 대표 관광지_완성.pdf

우리지역 대표 관광지 소개 만들기

'우리지역 대표 관광지'는 해당 지역을 상징하고 방문객들에게 가장 잘 알려진, 혹은 가장 인기가 많은 장소를 의미합니다. 이는 역사 유적, 자연경관, 문화 시설, 쇼핑 거리 등 다양한 종류의 명소를 포함하며, 다른 지역의 사람들에게 '이곳 하면 가장 먼저 떠올릴 만한 곳'으로 여겨집니다.

1 예제 파일 불러오기

1 [캔바] 예제 파일 사이트에 접속하여 [9차시_예제] 파일을 불러옵니다.

2 [파일]-[복사]를 클릭하여 편집이 가능한 상태로 변경합니다.

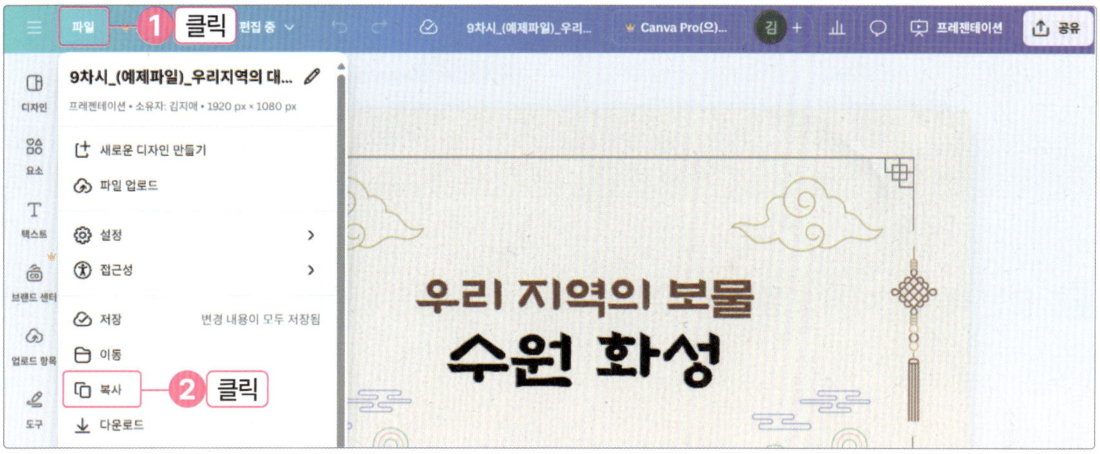

2 페이지 내용 편집하기

1 [2번 페이지]에서 [요소( )]-[사진]을 이용하여 "수원 화성" 이미지를 검색한 후 마음에 드는 수원 화성 이미지를 프레임 안에 삽입합니다.

2 이미지 아래쪽 도형을 더블클릭한 후 내용을 입력합니다.

↪ **입력 내용** : 수원 화성은 경기도 수원시에 있어요.

3 [3번 페이지]에서 도형 안에 만든 시대와 만든 사람을 입력합니다.

↪ **입력 내용** : 만든 시대(조선시대), 만든 사람(정조대왕)

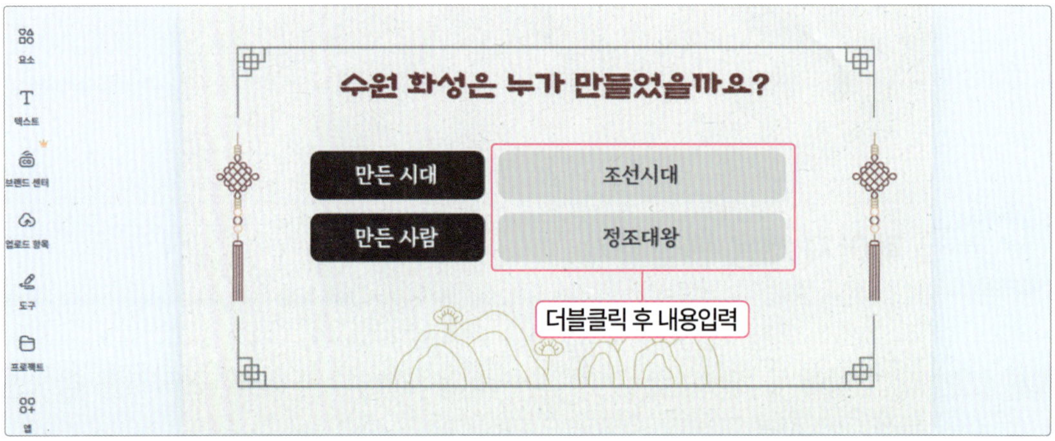

4 [4번 페이지]에서 도형 안에 내용을 입력합니다.

↪ **입력 내용** : 1. (효) 아버지를 기리기 위해 / 2. (방어) 적으로부터 백성들을 지키기 위해 / 3. (발전) 새로운 도시를 만들기 위해

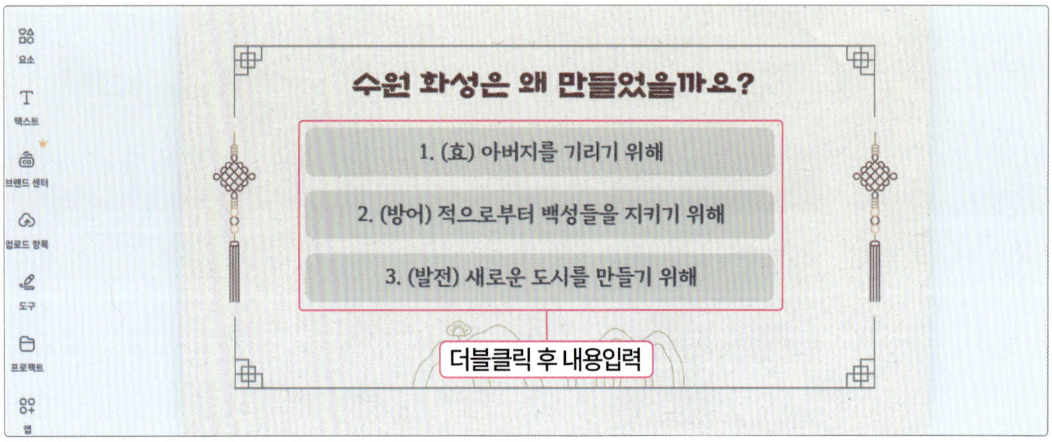

5 [5번 페이지]에서 캔바에서 제공하는 이미지 외에 다른 수원 화성 이미지를 검색하기 위해 [국가유산포털] 사이트로 이동한 후 "수원 화성"을 검색합니다.

6 [이미지]를 눌러 수원화성 이미지 목록을 표시한 후 마음에 드는 이미지 3개를 다운로드 받습니다.

검색 이미지 : 화홍문, 장안문, 서장대

이미지 저장 : 그림 안에서 마우스 오른쪽 버튼 클릭 → [이미지를 다른 이름으로 저장]을 클릭 → 다운로드 폴더를 따로 설정하지 않으면 [내 컴퓨터]-[다운로드] 폴더에 저장됨

TIP

국가유산포털

- 우리나라의 문화유산 정보를 한눈에 확인할 수 있는 공식 사이트입니다.
- 전국의 문화유산을 쉽고 빠르게 검색할 수 있으며, 위치·사진·설명을 함께 제공합니다.
- 발표 자료나 학습 자료를 만들 때 참고 이미지와 정보로 활용할 수 있습니다.

7 이미지를 업로드 하기 위해 왼쪽 [업로드 항목]-[파일 업로드]를 클릭한 후 [다운로드] 폴더의 이미지를 모두 업로드 합니다.

↳ 이미지를 저장하지 못하였으면 [불러올파일]-[09차시]폴더에서 업로드합니다.

8 왼쪽 업로드 창에 추가된 수원 화성의 사진을 각각의 프레임에 삽입한 후 이름을 입력합니다.

9 각각의 페이지에 애니메이션을 설정하고, 상단 오른쪽의 [프레젠테이션] 버튼을 눌러 전체화면으로 변경하여 발표해 봅니다.

10 파일명을 설정하고 다운로드 합니다.

↳ [파일]을 클릭 → 파일 이름(우리 지역의 대표 관광지) 수정 → [공유]를 클릭 → [다운로드]를 클릭 → 파일 종류는(PDF표준)로 설정

똑똑 학습

CHAPTER 09

캔바를 이용한 똑똑한 놀이

01 내가 여행하고 싶은 도시를 소개하고, 발표해 보세요.

- 예제 파일 불러오기
- 사진 삽입하기
- 요소 삽입하기
- 텍스트 입력하기
- 완성된 작품 다운로드 하기

불러올 파일 : 09차시_미션예제 완성된 파일 : 내가 여행하고 싶은 도시_완성.pdf

CHAPTER 10

우리반 친구들이 좋아하는 라면 인기 순위 그래프 만들기

학습 목표
- 요소의 차트 기능을 이용하여 원그래프를 만들어 봅니다.
- 텍스트와 요소의 이미지를 자유롭게 사용합니다.

완성작품 미리 보기 불러올 파일 : 10차시_예제 완성된 파일 : 우리반 친구들이 좋아하는 라면 순위_완성.pdf

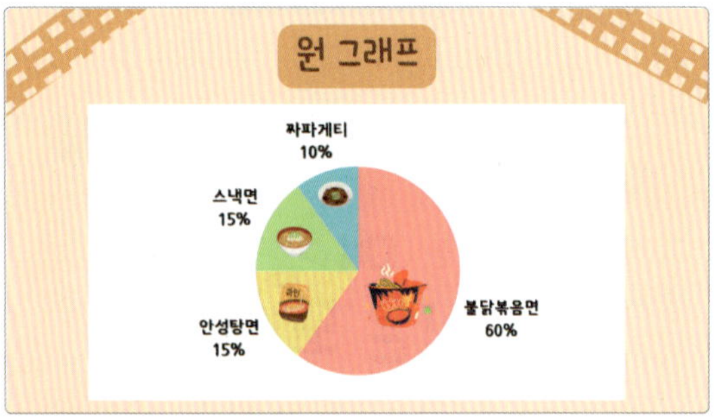

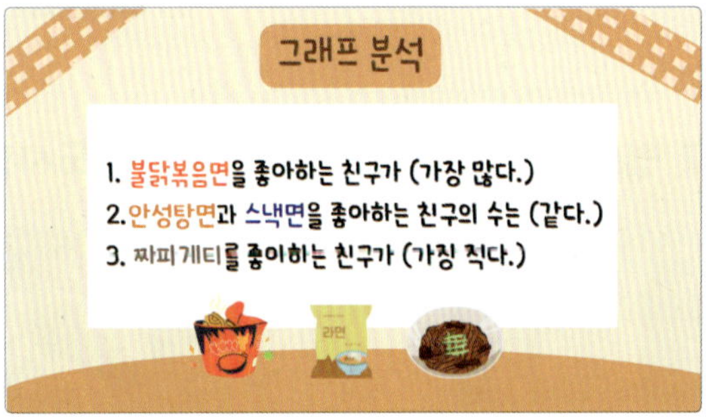

원 그래프

원 그래프는 원을 여러 조각으로 나누어 나타내는 그래프입니다.
조각이 클수록 그 항목이 많다는 뜻입니다. 예를 들어, 반 친구들이 좋아하는 과일을 조사해서 원 그래프로 만들면, 가장 큰 조각이 가장 많은 친구들이 고른 과일 이라는 것을 보여줍니다.

1 예제 파일 불러오기

1 [캔바] 예제파일 사이트에 접속하여 [10차시_예제] 파일을 불러온 후 [파일]-[복사]를 하여 편집이 가능한 상태로 변경합니다.

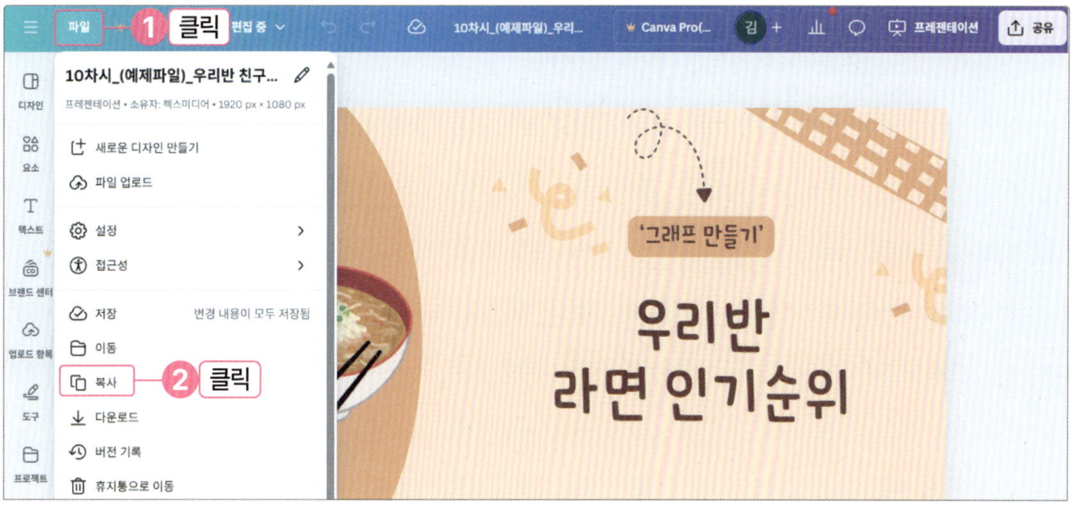

2 그래프 만들기

1 [2번 페이지]에서 왼쪽 디자인 편집 도구의 [요소( )]-[차트]-[원형 차트 및 도넛형 차트] 항목의 [원형]을 클릭합니다.

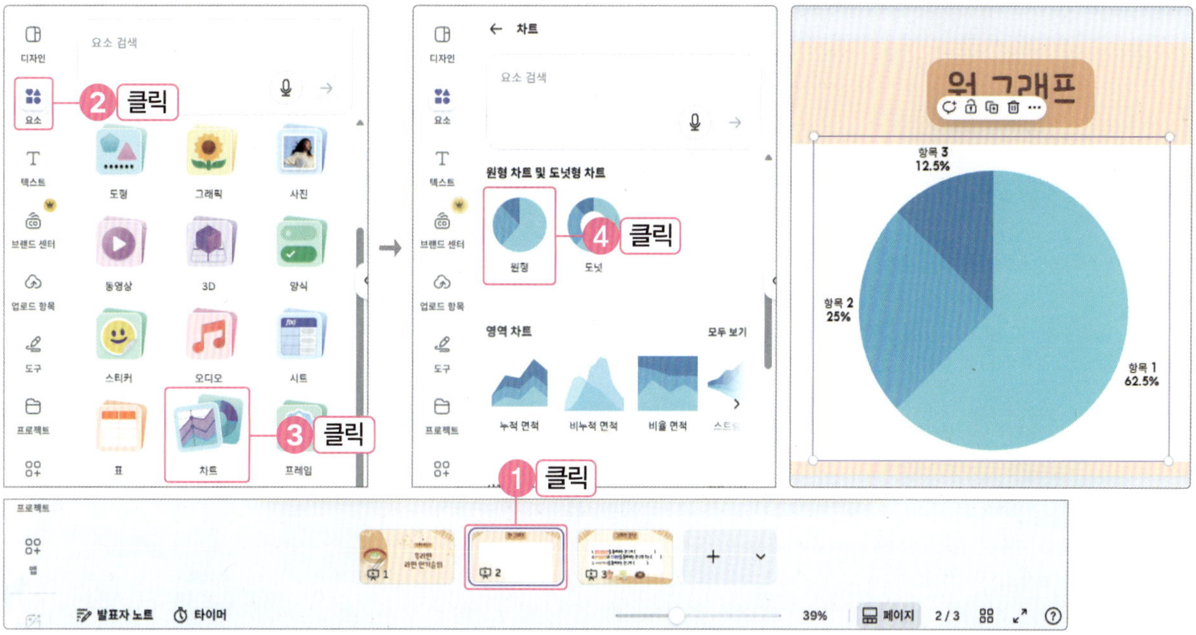

2 [원형 차트]의 [데이터] 항목에 기본 입력된 내용을 아래와 같이 변경합니다.

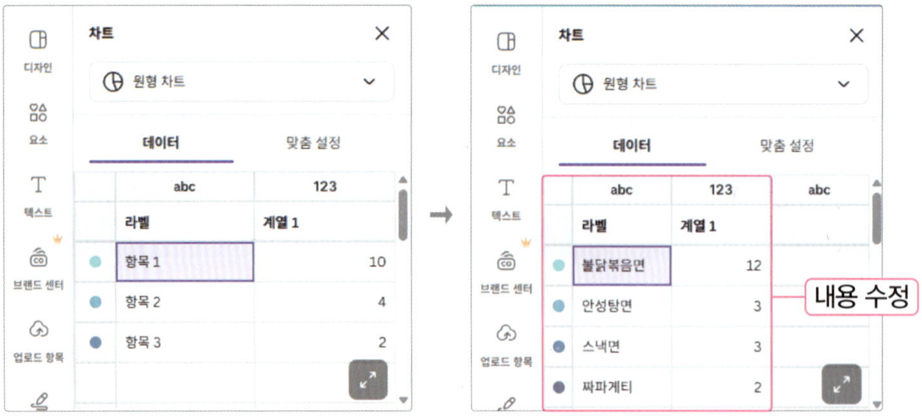

TIP

우리반 학생들이 좋아하는 라면을 직접 조사해 보세요. 조사한 결과를 그래프로 만들어 보면 숫자와 비율을 한눈에 알 수 있어요. 그래프를 직접 만들어 보는 경험은 학습을 더 재미있게 해줍니다.

TIP

라벨과 계열

라벨은 그래프에서 무엇을 나타내는지 이름을 적는 부분입니다. 계열은 라벨에 맞는 숫자나 값이 들어가는 부분입니다. 그래프는 라벨과 계열이 함께 있어야 내용을 정확하게 보여줄 수 있습니다.

3 만들어진 원 그래프의 위치와 크기를 조절합니다.

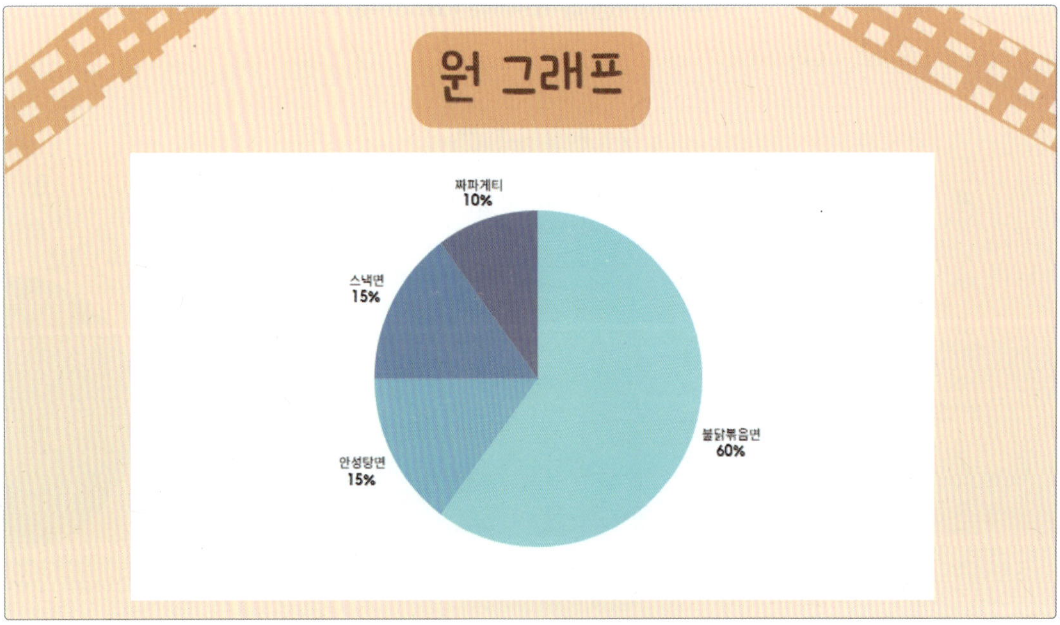

4 원 그래프를 선택한 후, 상단 편집 도구의 색상 도구로 항목 색상을 변경합니다.

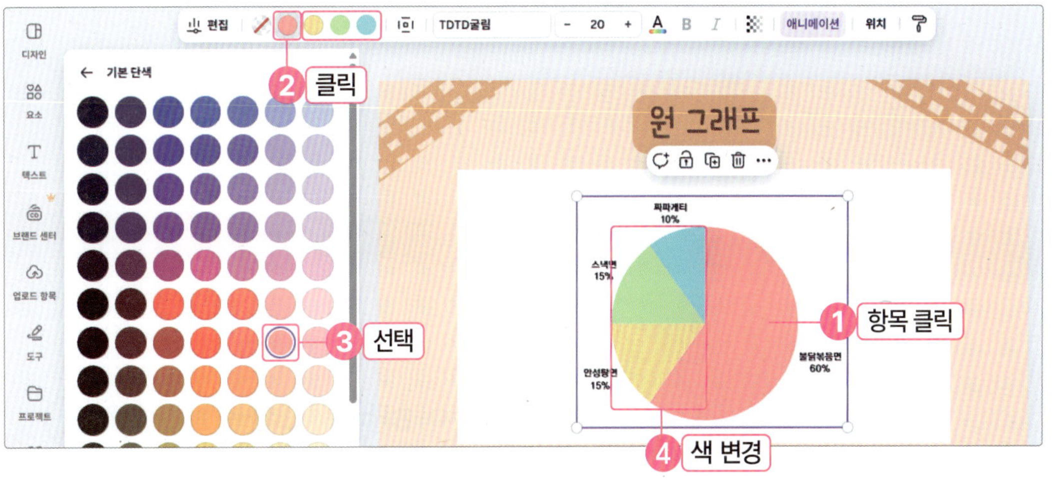

5 원형 차트 안에 입력된 데이터 레이블의 글꼴과 글꼴 크기를 변경합니다.

글꼴(TDTD둑흔둑흔) → 글꼴 크기(35)

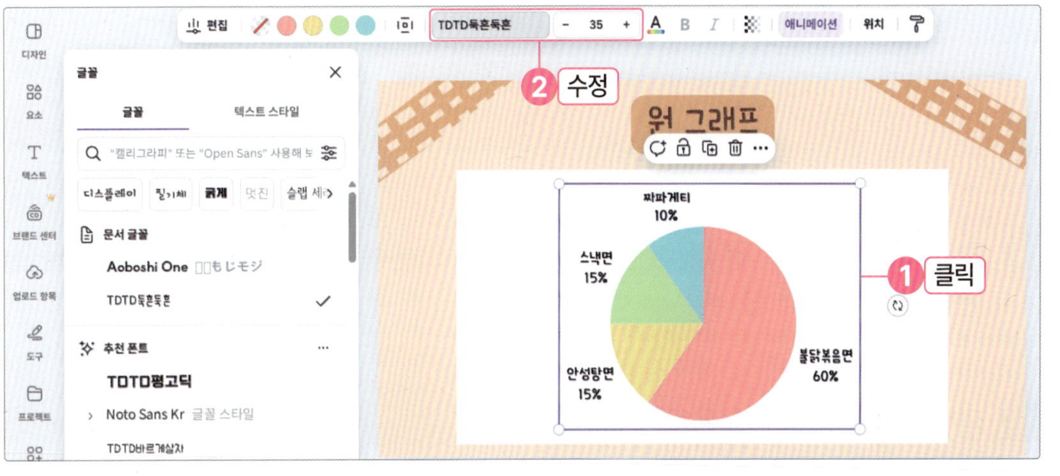

6 [요소( )]-[그래픽]에서 "라면"을 검색하여 이미지를 그래프 항목에 추가합니다.

나머지 원형 항목에도 여러 가지 라면 종류를 검색하여 이미지 추가

7 [3페이지]를 클릭하여 완성된 원 그래프를 보고 통계 내용을 분석하여 기록해 봅니다.

입력 내용

1. 불닭볶음면을 좋아하는 친구가 (가장 많다.)
2. 안성탕면과 스낵면을 좋아하는 친구의 수는 (같다.)
3. 짜파게티를 좋아하는 친구가 (가장 적다.)

8 각각의 페이지에 애니메이션을 설정하고, 오른쪽 상단의 [프레젠테이션] 버튼을 눌러 전체화면으로 변경하여 발표해 봅니다.

9 파일명을 설정하고 다운로드 합니다.

[파일]을 클릭 → 파일 이름(우리반 친구들이 좋아하는 라면 순위) 수정 → [공유]를 클릭 → [다운로드]를 클릭 → 파일 종류는(PDF 표준)으로 설정

TIP

캔바에서 만드는 차트 알아보기

캔바에서는 막대 그래프, 원 그래프, 꺾은선 그래프 등 다양한 차트 모양을 만들 수 있습니다.
원하는 차트를 골라서 직접 꾸며 보세요.
차트를 활용하면 정보를 쉽게 표현할 수 있습니다.

똑똑 학습

캔바를 이용한 똑똑한 놀이

CHAPTER 10

01 나이대별 나의 키 성장 막대 그래프를 만들어 보세요.

- 예제 파일 불러오기
- [막대차트]-[막대]
- 항목 색상 변경하기
- 그래프 항목에 요소 삽입하기
- 차트 데이터 입력내용
- 각각의 요소, 차트에 애니메이션 설정
- 완성된 작품(PDF)로 다운로드 하기

●	3살	90
●	5살	107
●	7살	119
●	9살	129

불러올 파일 : 10차시_미션예제　　완성된 파일 : 키성장 그래프 미션_완성.pdf

PART 03

캔바로 동영상 만들기

Part3의 작품은 캔바의 동영상 편집 기능을 활용하여 초등학생의 눈높이에 맞게 제작되었습니다. 스승의 날이나 체험 학습과 같은 초등학생들의 친근한 작업을 예시로 학습 내용을 재미있고 생생하게 전달합니다. 동영상 편집 작업으로 학생들에게는 시각적으로 풍부한 학습 경험을 제공하는 것이 특징입니다.

CHAPTER 11

스승의 날 감사 동영상 만들기

학습 목표

- 동영상 만들기 화면의 구성과 기본 기능을 익힙니다.
- 애니메이션을 넣어 생동감 있는 동영상을 만들어 봅니다.

완성작품 미리 보기

불러올 파일 : 11차시_예제　　완성된 파일 : 스승의날 감사 동영상_완성.mp4

동영상 만들기

캔바에서는 여러 가지 방법으로 동영상을 만들 수 있습니다.그래픽으로 만든 슬라이드를 차례로 이어 붙이면 애니메이션 느낌의 영상이 되고, 사진을 순서대로 배열하면 포토 무비처럼 자연스러운 영상이 완성됩니다. 또한 짧은 동영상 클립들을 이어 붙이면 한 편의 완성된 영상으로 만들 수 있습니다.
이처럼 캔바에서는 다양한 방식으로 자신만의 스토리를 영상으로 표현할 수 있습니다.

1 예제 파일 불러오기

1 [캔바] 예제 파일 사이트에 접속하여 [11차시_예제] 파일을 불러옵니다.

2 [파일]-[복사]를 클릭하여 편집이 가능한 상태로 변경합니다.

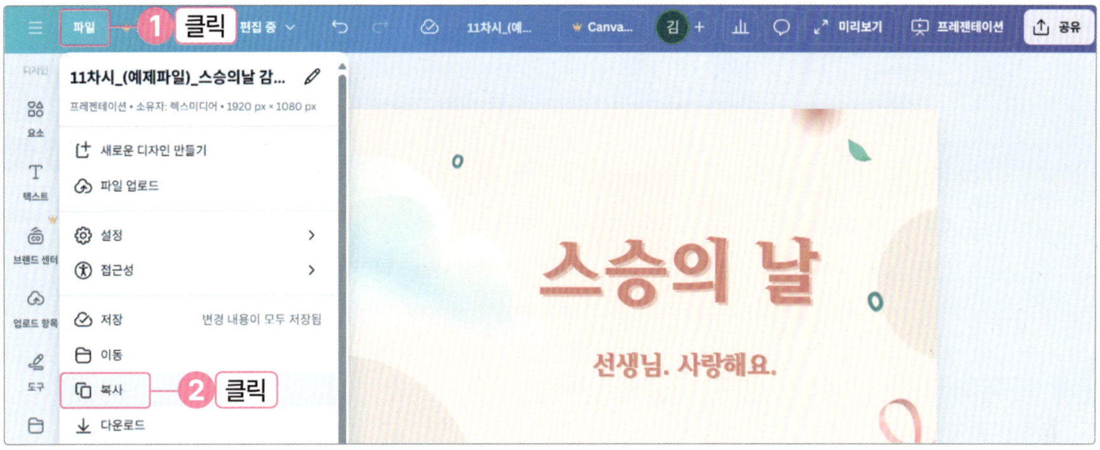

2 애니메이션 넣기

1 [1페이지]에 [요소()]-[그래픽]을 이용하여 주제에 어울리는 이미지들을 검색하여 삽입합니다.

↳ 추천 검색어 : 선생님, 여자사람, 남자사람

↳ 템플릿과 어울리는 [자동추천] 이미지를 추가해도 좋아요!

2 사진 요소를 선택한 후 [애니메이션]을 클릭한 다음 원하는 애니메이션(나타내기)을 선택합니다. 같은 방법으로 텍스트 요소에도 원하는 애니메이션 효과를 임의로 지정합니다.

3 [2페이지]를 선택하고 편지 내용을 입력합니다.

↳ 입력할 편지 내용 : 선생님은 우리에게 배움의 기쁨을 알려주시는 분이예요.

↳ 텍스트 디자인 : 내용을 드래그하고 상단 글꼴 편집메뉴 → 글꼴, 글꼴크기, 글꼴색 설정

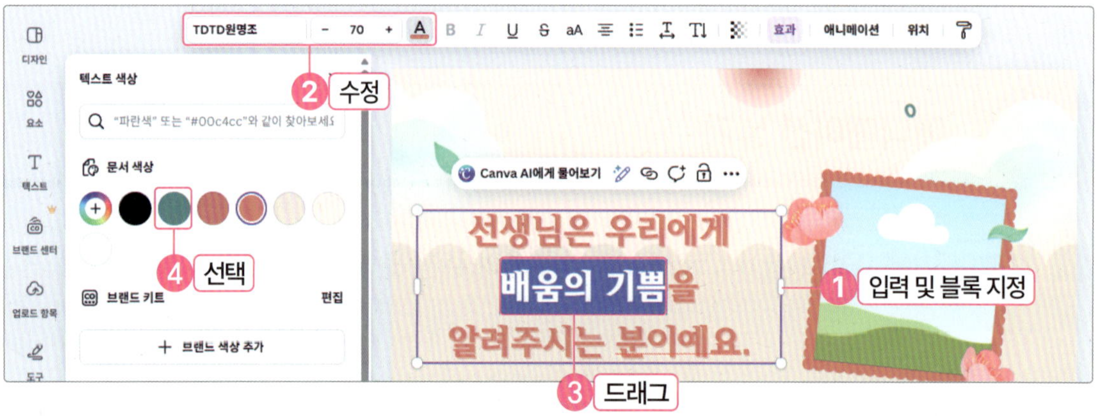

4 [요소(요소 아이콘)]-[사진]에서 이미지를 검색하여 프레임에 삽입하기

↳ 추천 검색어 : 선생님, 여자, 남자

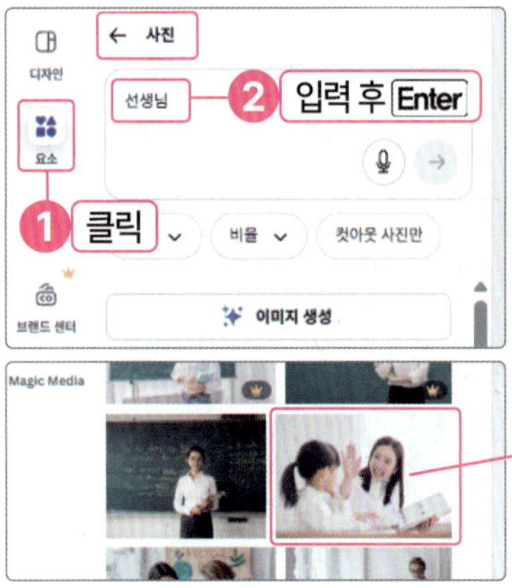

5 [2페이지]의 글자 및 요소에 원하는 애니메이션 효과를 적용합니다.

여러 가지 애니메이션 스타일 중에 원하는 애니메이션 효과를 선택하여 적용

6 위와 동일한 방법으로 [3페이지] ~ [6페이지]의 내용을 완성합니다.

내용입력, 요소 이미지 삽입, 애니메이션 효과 삽입

- 3페이지 : 포근한 곰처럼 따뜻한 우리 선생님. (추천 검색어 : 곰, 인형)
- 4페이지 : 선생님과 함께하는 시간이 참 행복해요. (추천 검색어 : 학생)
- 5페이지 : 선생님의 따뜻한 가르침에 감사드립니다. (추천 검색어 : 꽃, 감사)
- 6페이지 : 스승의 날 축하드려요. (추천 검색어 : 꽃, 폭죽)

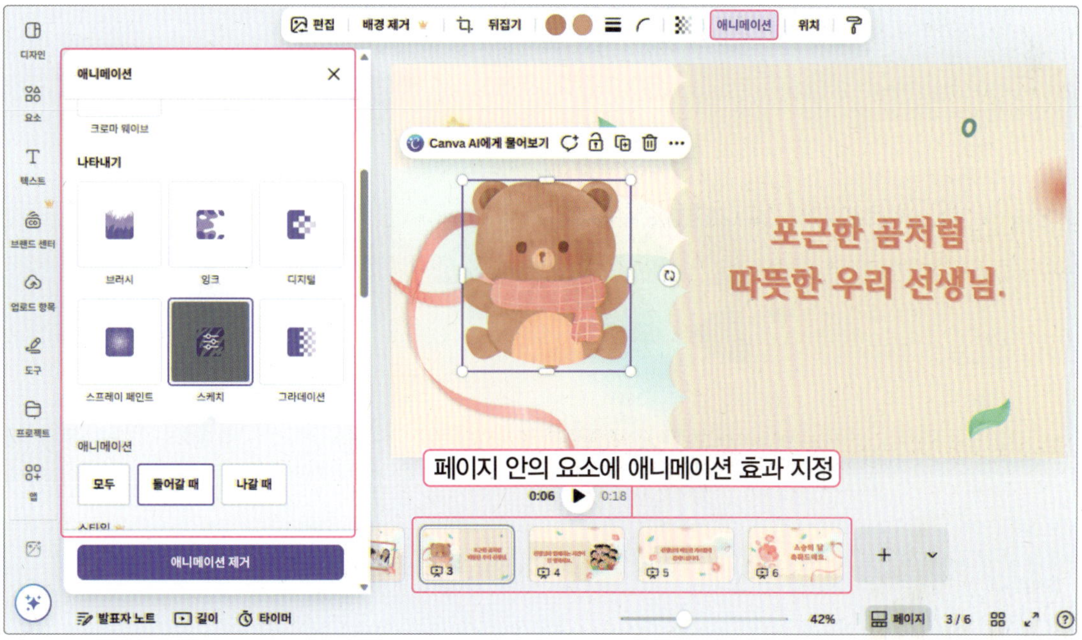

7 [1페이지]를 클릭한 후 상단 편집 도구의 [시간 편집]에서 지속 시간(3.0초)을 수정하고 [모든 페이지에 적용]을 체크합니다.

TIP

지속 시간 : 각 슬라이드가 자동 재생될 때 화면에 머무르는 시간을 의미합니다.

8 상단 메뉴 우측의 [미리보기] 버튼을 클릭하여 내 작품 동영상을 재생해 봅니다.

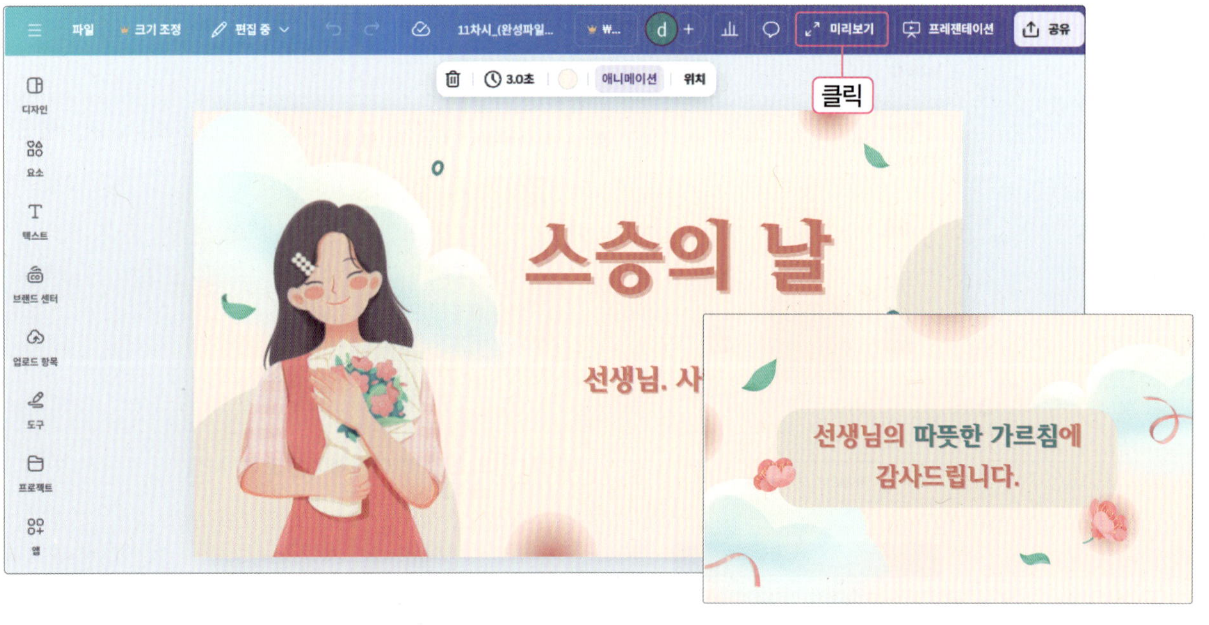

9 파일명을 설정하고 다운로드 합니다.

↳ [파일]을 클릭 → 파일 이름(스승의날 감사 동영상) 수정 → [공유]를 클릭 → [다운로드]를 클릭 → 파일 종류는 (MP4 동영상)로 설정

똑똑 학습

캔바를 이용한 똑똑한 놀이

01 어버이날 감사 동영상을 만들어 보세요.

- 예제 파일 불러오기
- 요소 삽입하기
- 텍스트 입력하기
- 요소, 텍스트에 애니메이션 효과 넣기, 지속시간(2.8초)
- 완성된 작품 다운로드(MP4 동영상)하기

불러올 파일 : 11차시_미션예제　　완성된 파일 : 어버이날 감사 동영상_완성.mp4

CHAPTER 12

환경보호 캠페인 동영상 만들기

학습 목표

- 텍스트와 사진으로 환경보호 캠페인 동영상을 만들어 봅니다.
- 자막 효과를 넣어 메세지를 강조합니다.

완성작품 미리 보기

불러올 파일 : 12차시_예제　　완성된 파일 : 환경보호 캠페인_완성.mp4

동영상 슬라이드

캔바의 동영상 슬라이드란, 여러 장의 디자인 페이지(슬라이드)를 순서대로 이어 붙여 하나의 동영상으로 만든 장면 단위를 말합니다.

※ 캔바 동영상 슬라이드 = 각각의 장면(페이지)+전환효과+재생 시간

1 예제 파일 불러오기

1 [캔바] 예제 파일 사이트에 접속하여 [12차시_예제] 파일을 불러옵니다.

2 [파일]-[복사]를 클릭하여 편집이 가능한 상태로 변경합니다.

2 텍스트 입력 및 애니메이션 넣기

1 [2페이지]의 사진을 선택한 후, 마우스 오른쪽 단추를 눌러 [배경 교체]를 클릭합니다.

↪ [배경 교체]를 클릭하면 이미지가 현재 페이지의 배경으로 설정됩니다.

2 2페이지 배경에 [텍스트(T)]-[텍스트 상자 추가]를 클릭하고 내용을 입력합니다.

↳ 입력 내용 : 깨끗한 지구는 우리 모두의 집이예요! → 글꼴(TDTD겸성명조), 크기(80), 텍스트색상(하얀색), 효과(테두리, 두께 : 120), 색상 : 검은색

3 글자에 애니메이션 효과를 삽입합니다.

↳ [상단 메뉴] → [애니메이션] → [터트리기] 효과를 설정

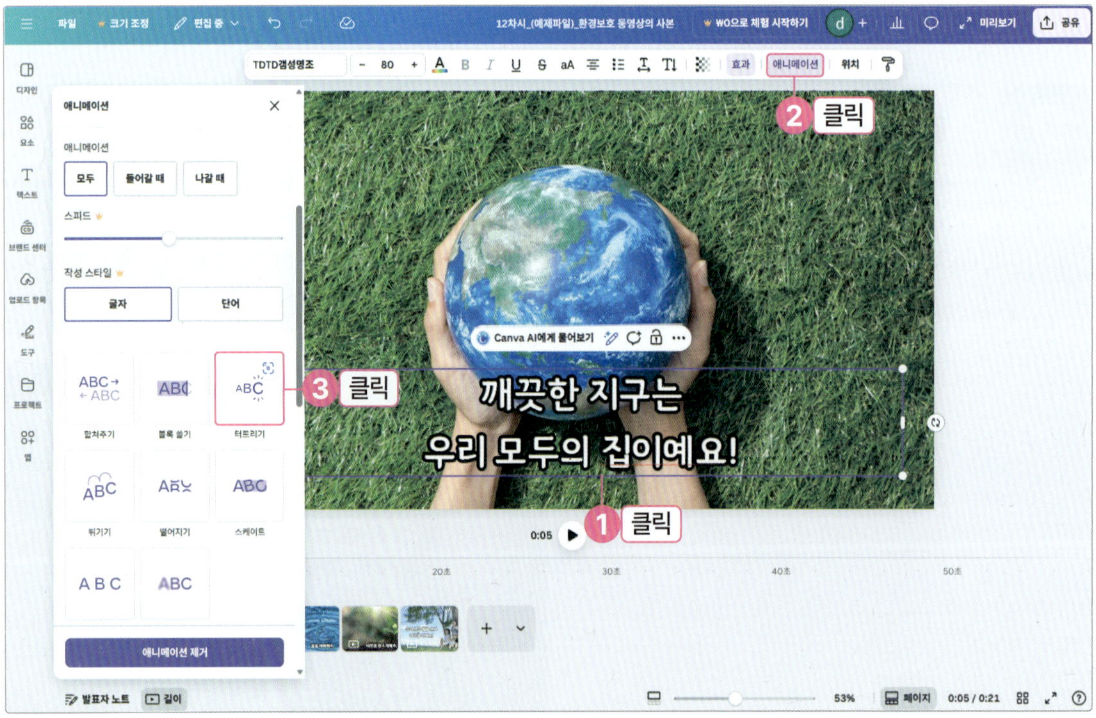

TIP

애니메이션 기능

애니메이션 기능이란, 장면(페이지)이나 개별 요소(텍스트, 이미지, 아이콘등)에 움직임 효과를 주는 기능을 말합니다. 애니메이션을 삭제하고 싶을 때는 [애니메이션 제거]를 클릭합니다.

4 같은 방법으로 [3페이지] ~ [6페이지] 사진과 텍스트를 편집합니다.

① 사진을 선택한 후, [마우스 오른쪽]-[배경 교체] 클릭

② 사진 배경에 내용을 입력합니다.

- 3페이지 : 쓰레기는 꼭 분리해서 버려요.
- 4페이지 : 물을 아껴써요.
- 5페이지 : 나무를 심고 가꿔요.
- 6페이지 : 우리 모두 힘을 모아 지구를 지켜요!

③ 글자 스타일 : 글꼴(TDTD갬성명조), 크기(80), 텍스트색상(하얀색), 효과(테두리, 두께 : 120), 색상 : 검은색

④ 글자에 애니메이션(터트리기 효과) 설정하기

3 페이지 전환효과 삽입하기

1 화면하단 [타임라인]-[1페이지] 우측의 [전환 효과 추가( )] 버튼을 클릭합니다.

TIP

전환 효과 알아보기

- 전환 효과는 동영상의 장면과 장면 사이 화면이 자연스럽게 바뀌도록 만드는 기능입니다.
- 장면의 분위기나 속도에 맞는 전환 효과를 선택하면 영상의 완성도를 높일 수 있습니다.
- 예를 들어, '디졸브' 효과는 한 장면이 서서히 사라지고 다음 장면이 부드럽게 나타납니다.

2 [전환 효과 : 슬라이드]-[모든 페이지에 적용]을 클릭합니다.

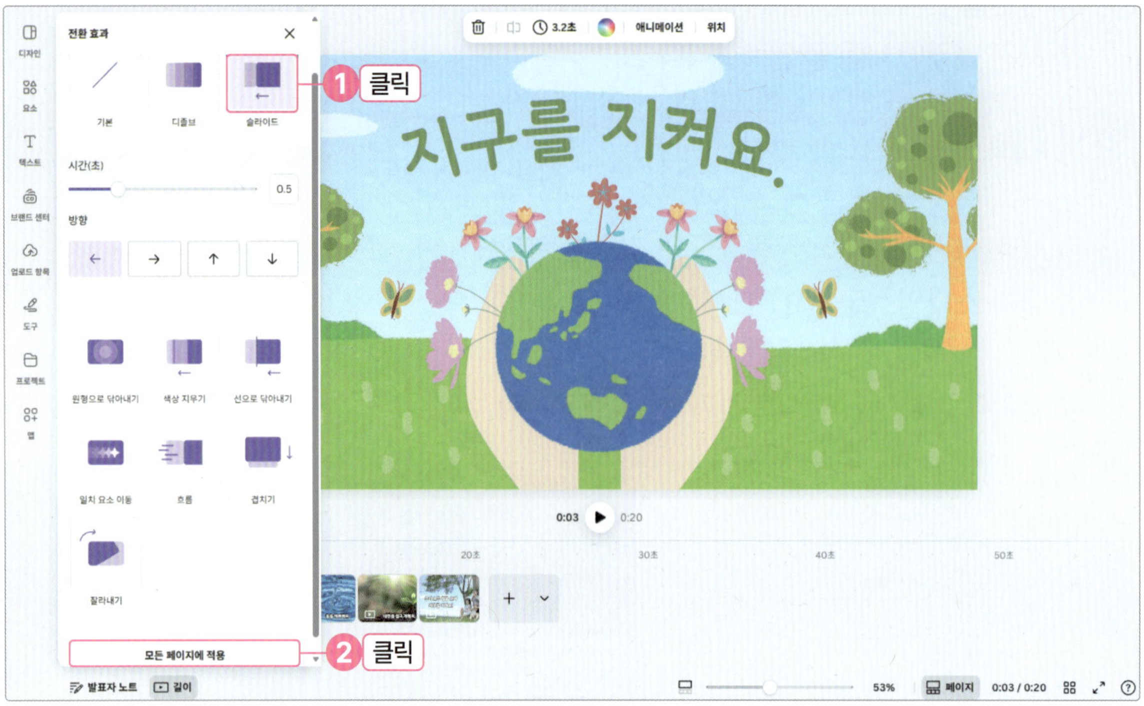

3 모든 페이지에 전환 효과가 적용되면 [재생하기(▶)] 버튼을 눌러 동영상을 실행시켜 봅니다.

4 파일명을 설정하고 다운로드 합니다.

↳ [파일]을 클릭 → 파일 이름(환경보호 캠페인) 수정 → [공유]를 클릭 → [다운로드]를 클릭 → 파일 종류는(MP4 동영상)로 설정

똑똑 학습

CHAPTER 12

캔바를 이용한 똑똑한 놀이

01 학교폭력 예방 동영상을 만들어 보세요.

- 예제 파일 불러오기
- 파일 복사하기
- (2페이지~4페이지) 이미지를 배경으로 설정하기
- 요소 삽입하기
- 페이지에 내용 입력하기
- 애니메이션, 화면전환 효과 설정하기
- 완성된 작품(MP4 동영상)으로 다운로드 하기

불러올 파일 : 12차시_미션예제　완성된 파일 : 학교 폭력 예방 동영상.mp4

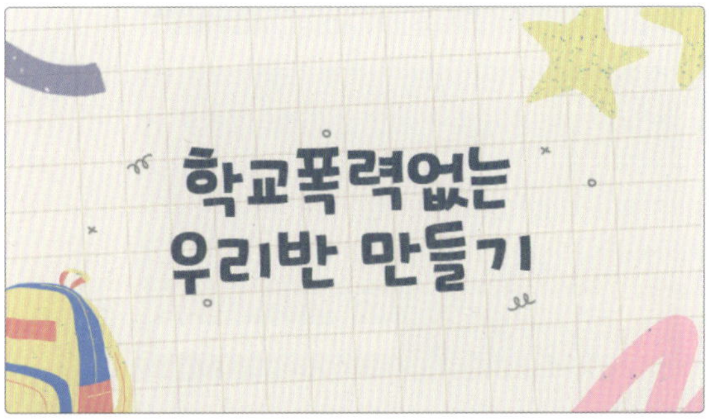

CHAPTER 13

우리나라의 사계절 동영상 만들기

학습 목표

- 여러 개의 동영상을 이어 붙여 하나의 동영상을 만들어 봅니다.
- 애니메이션 효과를 넣어 영상을 생동감 있게 표현합니다.

완성작품 미리 보기

불러올 파일 : 13차시_예제 완성된 파일 : 우리나라의 사계절 동영상_완성.mp4

사계절을 표현하는 검색어

사계절에 어울리는 동영상이나 이미지를 찾을 때, 어떤 검색어를 사용할지 미리 생각해 봅니다.

① 봄 : 봄, 벚꽃, 꽃, 나비, 벌, 꿀벌, 새싹 등
② 여름 : 여름, 바다, 모래사장, 파도, 모기, 햇빛, 수박 등
③ 가을 : 가을, 낙엽, 단풍, 다람쥐, 도토리 등
④ 겨울 : 겨울, 눈, 눈사람, 크리스마스, 산타 등

1 예제 파일 불러오기

1 [캔바] 예제 파일 사이트에 접속하여 [13차시_예제] 파일을 불러옵니다.

2 [파일]-[복사]를 클릭하여 편집이 가능한 상태로 변경합니다.

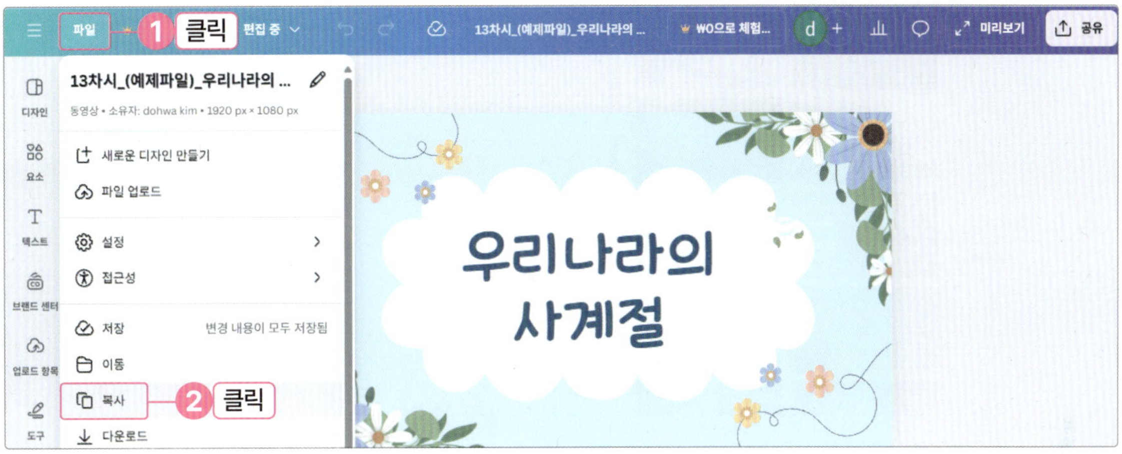

2 동영상 삽입하기

1 [1페이지]의 텍스트에 애니메이션 효과를 설정합니다.

↳ [애니메이션] → [일반 : 닦아내기] 설정

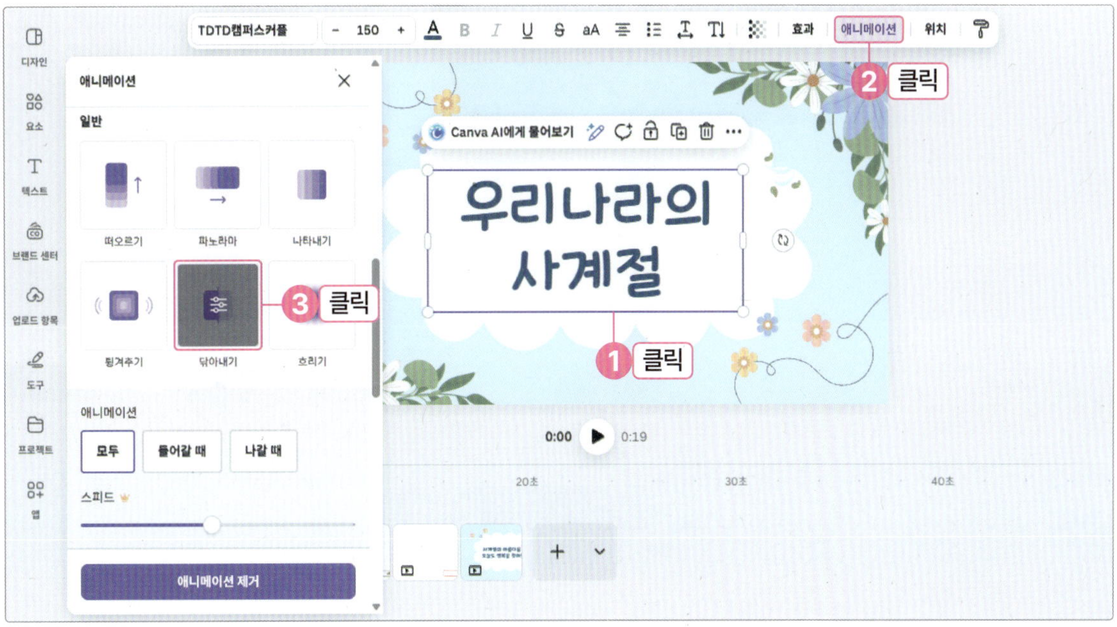

2 [2페이지]를 클릭한 후 [요소( )]-[동영상]에서 동영상을 검색하여 삽입합니다.

추천 검색어(봄과 관련된 단어) : 봄, 꽃

3 삽입된 동영상을 화면 전체에 가득 채워지도록 배경으로 설정합니다.

[삽입된 동영상 이미지를 클릭] → [마우스 오른쪽 버튼] → [동영상을 배경으로 설정합니다]를 선택

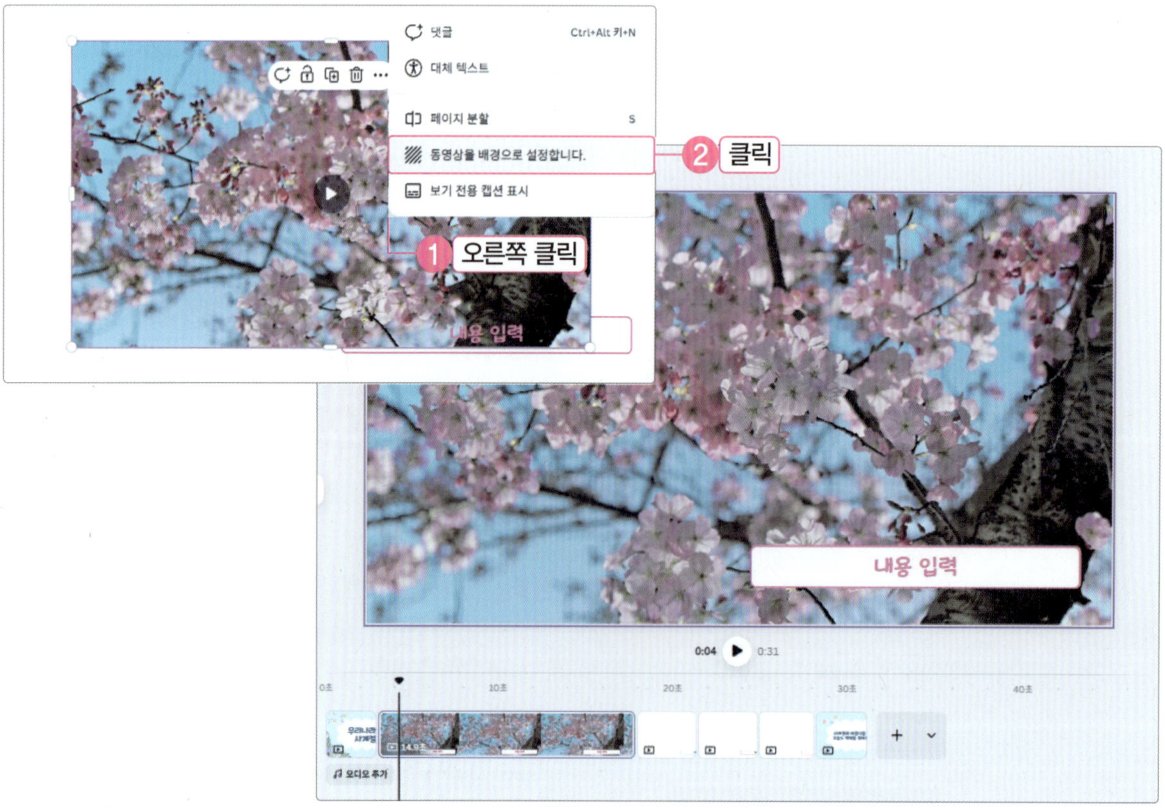

4 [2페이지]의 동영상 이미지를 클릭하여 상단 편집 도구에서 시간을 조절합니다.

[상단 편집 도구] → [다듬기(✂)] → (길이 : 4.0초) 수정 후 [완료]를 클릭

동영상 다듬기 : 동영상파일을 쪼개거나 재생시간을 조절할수 있어요!

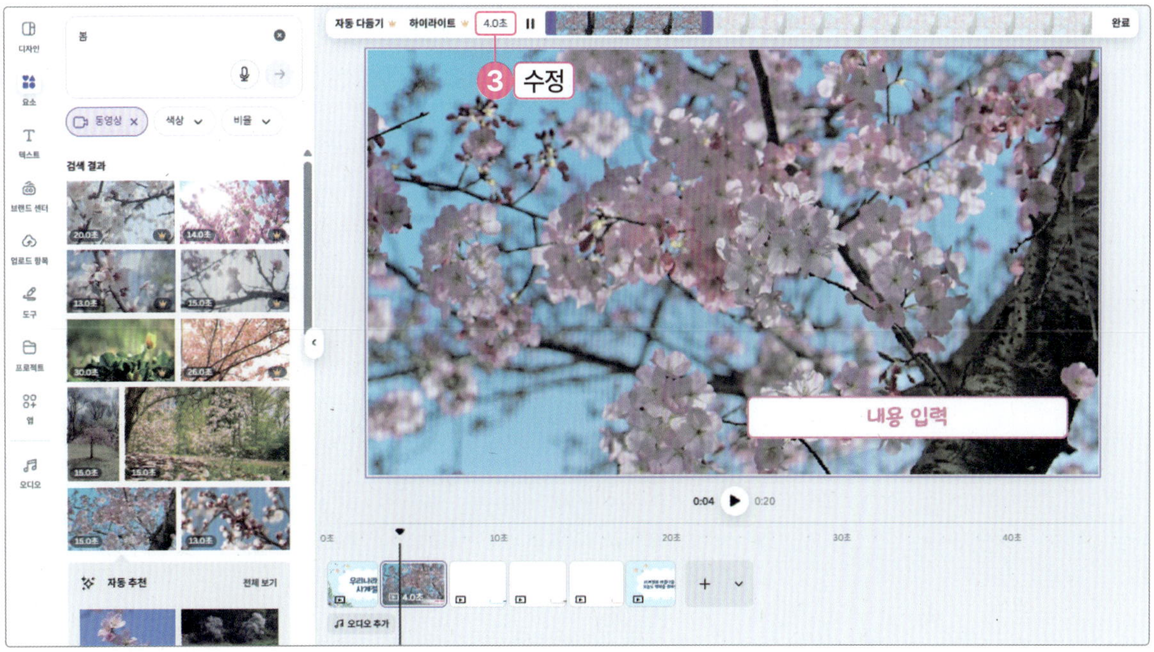

3 요소 및 애니메이션 만들기

1 [요소()]-[그래픽]에서 꿀벌 이미지를 검색하여 원하는 꿀벌 이미지를 삽입합니다.

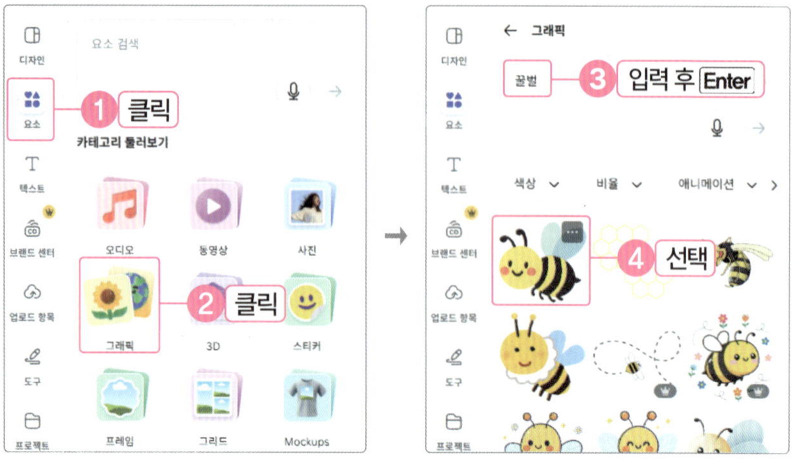

2 꿀벌 이미지를 클릭하여 애니메이션 이동 경로를 만들어 줍니다.

↪ [꿀벌 이미지 클릭] → [애니메이션] → [애니메이션 만들기] → [이동 경로]를 드래그하여 완성

↪ 애니메이션 경로를 삭제하려면 왼쪽 하단의 [경로 삭제] 버튼을 누름

3 [내용 입력]란에 텍스트를 입력하고 애니메이션을 설정합니다.

입력 내용 : 꽃피는 계절 봄, [애니메이션] → [튀기기]

4 같은 방법으로 [3페이지] ~ [5페이지]를 계절에 따른 이미지를 넣고 애니메이션으로 완성해 봅니다.

① 3페이지 : 여름, 4페이지 : 가을, 5페이지 : 겨울
② 동영상 요소 삽입하기, 다듬기(4.0초)
③ 그래픽 이미지 삽입 후 애니메이션 만들기 (이미지는 임의로 사용)
④ 각 계절을 설명하는 텍스트 입력 및 애니메이션 적용하기

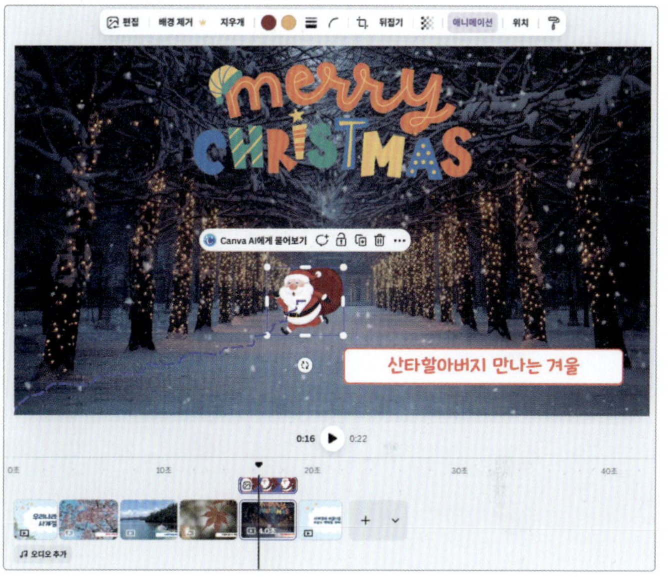

5 모든 페이지를 완성한 후 화면전환 효과를 적용합니다.

[전환 효과 추가] → [전환효과 : 디졸브] → [모든 페이지에 적용]

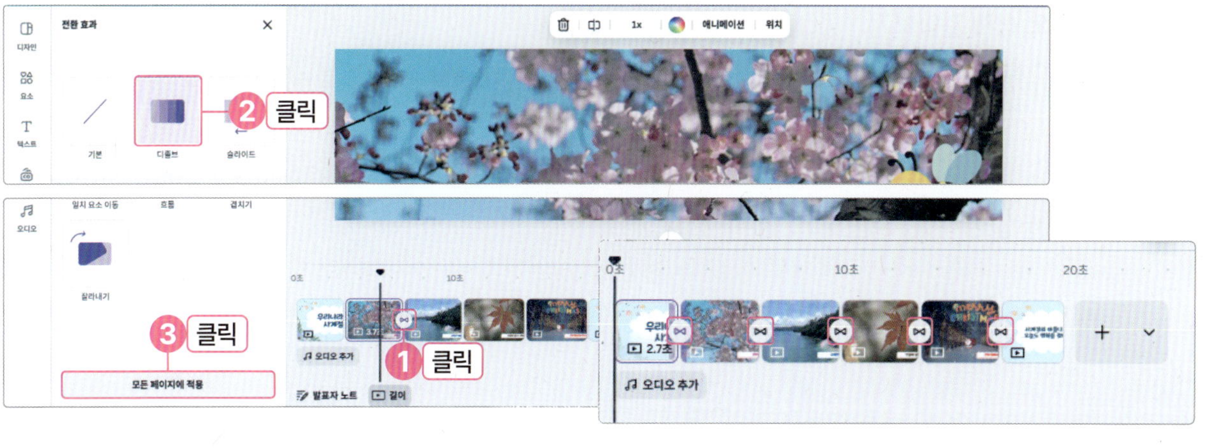

4 오디오 추가하기

1 화면 하단 타임라인에서 페이지 맨 앞쪽을 선택한 후 [오디오 추가] 를 클릭합니다.

2 오디오 파일을 검색하여 페이지에 추가, 맨 앞쪽부터 재생 되도록 지정합니다.

↳ 검색어 예시 : happy, joy 등

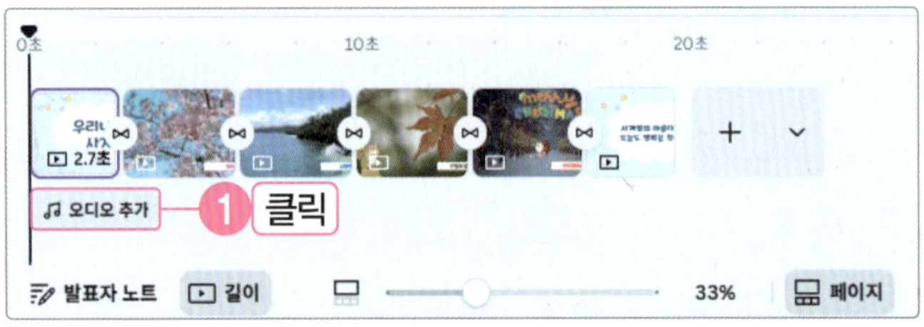

> **TIP**
>
> **오디오 삭제 알아보기**
>
> 오디오를 삭제하려면, 오디오 트랙을 선택한 후 키보드의 [Delete] 키를 누릅니다.

3 파일명을 설정하고 다운로드 합니다.

↳ [파일]을 클릭 → 파일 이름(우리나라의 사계절 동영상) 수정 → [공유]를 클릭 → [다운로드]를 클릭 → 파일 종류는(MP4 동영상)로 설정

CHAPTER 13

똑똑 학습

캔바를 이용한 똑똑한 놀이

01 나의 하루 동영상을 만들어 보세요.

- 예제 파일 불러오기
- 동영상 요소 삽입하기
(검색어 예시: 등교, 공부시간, 점심시간, 방과후학습, 놀기, 수면)
- 텍스트 입력하기, 그래픽 요소 삽입하기
- 요소에 애니메이션 삽입하기, 화면전환 효과 삽입하기
- 오디오 추가하기
- 완성된 작품 다운로드하기

불러올 파일 : 13차시_미션예제 완성된 파일 : 나의 하루_완성.mp4

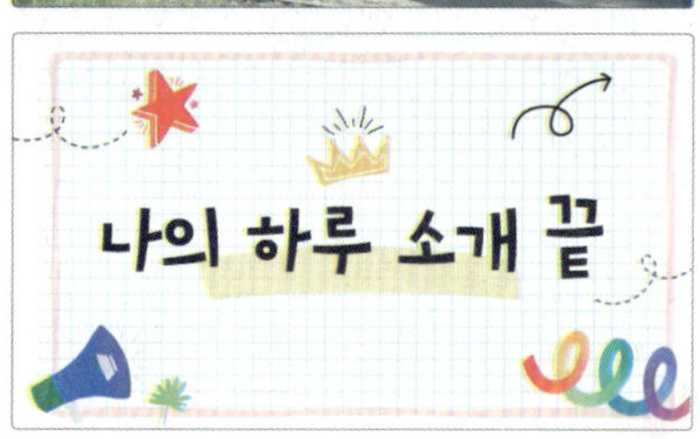

CHAPTER 14

현장체험학습 동영상 만들기

학습 목표

- 여러 개의 짧은 영상을 이어붙여 쇼츠 영상을 만들어 봅니다.
- 애니메이션과 전환 효과로 더욱 생동감 있게 표현합니다.

완성작품 미리 보기

불러올 파일 : 14차시_예제　완성된 파일 : 현장체험학습_완성.mp4

유튜브 쇼츠 영상 만들기

유튜브 쇼츠는 60초 이하의 짧은 세로형 영상을 말합니다.
모바일 화면에 맞춰 제작하며, 빠르게 시청하고 공유할 수 있어 재미있는 순간이나 정보를 간단히 보여주기에 적합합니다.
짧은 영상 여러 개를 이어 붙이면 리듬감 있고 재미있는 쇼츠 영상을 만들 수 있으며, 전환효과를 조화롭게 사용하면 장면이 매끄럽게 이어집니다.

1 캔바에서 동영상 디자인 만들기

1 캔바에서 [만들기(⊕)]를 클릭합니다.

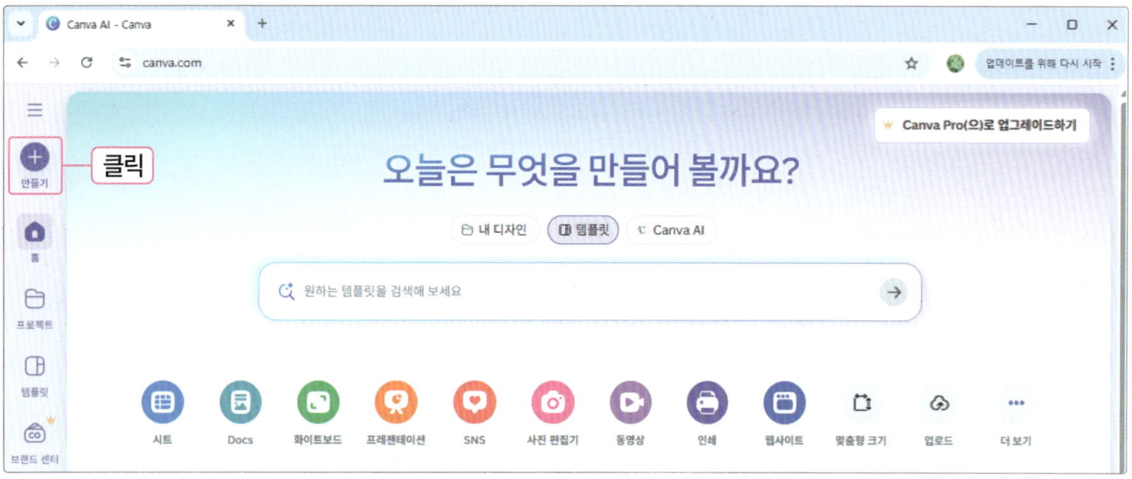

2 [동영상]-[모바일 동영상]을 선택합니다.

TIP

유튜브 쇼츠 스토리 구성하는 방법

놀이공원에 갔었던 기억을 떠올려 봅니다.
먼저, 놀이공원에 가기 전 설레던 마음을 보여주고, 중간에는 재미있었던 놀이기구를 타거나 친구와 즐겁게 노는 장면을 담습니다.
특별한 순간으로는 사진을 찍거나 간식을 먹고, 깜짝 이벤트가 있었던 기억을 넣으면 좋습니다.
마지막으로 놀이공원을 떠날 때의 아쉬움이나 즐거웠던 마음으로 영상의 마무리를 정리합니다.
전체 장면을 기억 속 순서대로 짧게 나누어 보여주면 쇼츠가 더 재미있게 완성됩니다.

2 동영상, 텍스트, 요소 삽입하기

1 [1페이지]에 [요소]-[동영상]을 클릭한 후 세로 비율의 놀이기구 동영상 요소를 검색합니다.

↳ 검색어 예시 : 놀이기구

↳ [세부 항목] → [비율: 세로형] : 세로형의 동영상만 검색

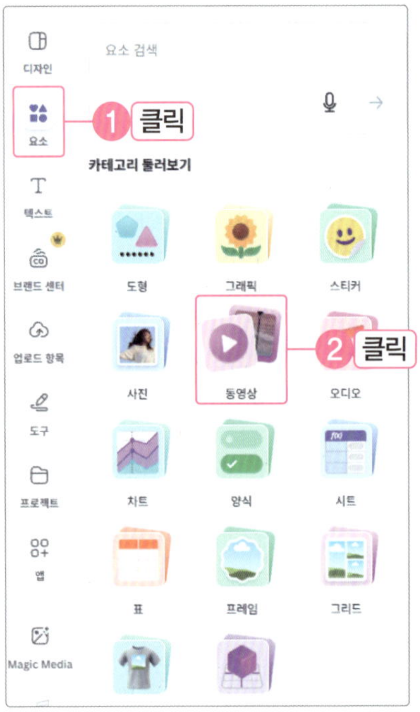

2 세로 비율의 놀이기구 동영상 목록이 표시되면 원하는 동영상을 클릭하여 화면에 추가합니다.

3 [텍스트(T)]-[제목 추가]를 클릭하여 제목을 입력합니다.

제목 내용 : 놀이공원 현장체험학습

글꼴(210 도시락) → 글꼴 크기(120) → 텍스트 색상(하얀색)

4 입력한 텍스트에 효과 를 설정해줍니다.

효과 설정 : 스타일(테두리) → 두께(150) → 색상(검정색)

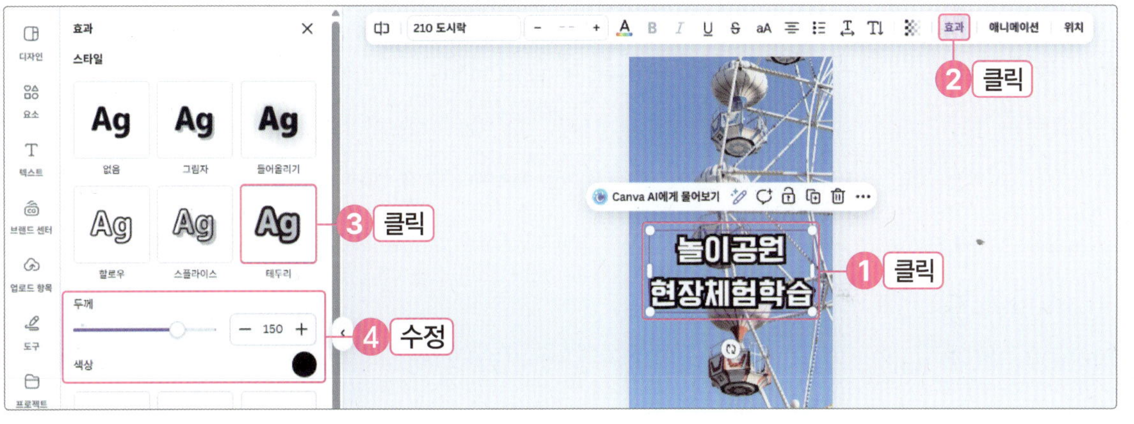

5 왼쪽 디자인 도구의 [요소( )]-[그래픽] 이미지를 삽입합니다.

검색어 예시 : 별, ,반짝반짝 등 원하는 이미지를 추가

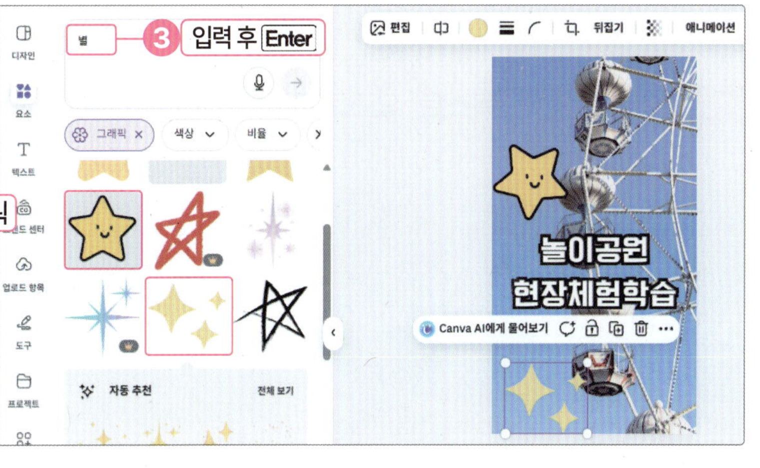

3 애니메이션 삽입 및 동영상 편집

1 글자와 요소에 각각 애니메이션을 삽입합니다.

↪ 마음에 드는 애니메이션 종류를 설정

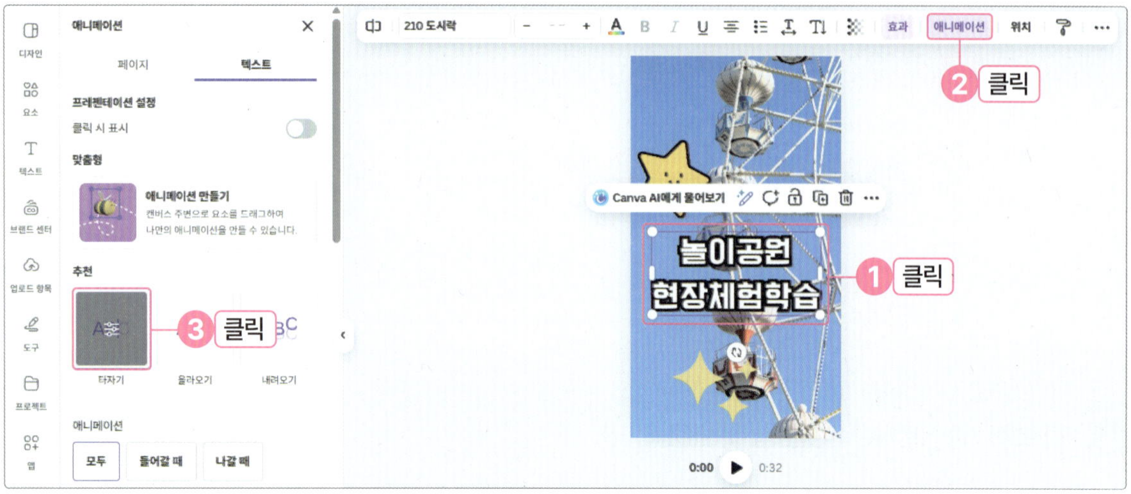

2 동영상을 선택한 후 동영상 재생속도를 조절합니다.

↪ 동영상 속도 : 0.25~2배속까지 조절 가능합니다.(이번 학습에서는 2배속(2x)으로 설정합니다.

3 동영상의 길이, 텍스트, 요소의 길이를 타임라인에서 조절합니다.

↪ 동영상 길이 : 4.0초 → 텍스트 : 4.0초 → 요소 : 4.0초

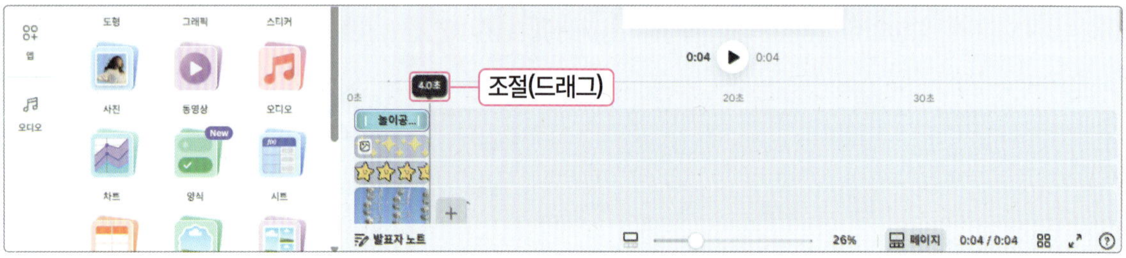

4 삽입된 동영상 이미지를 클릭하여 배경에 필터를 적용합니다.

↳ [동영상 이미지 클릭] → [상단편집도구] → [편집] 클릭

↳ [배경] → [필터: 모두보기] → [웜: 라떼]

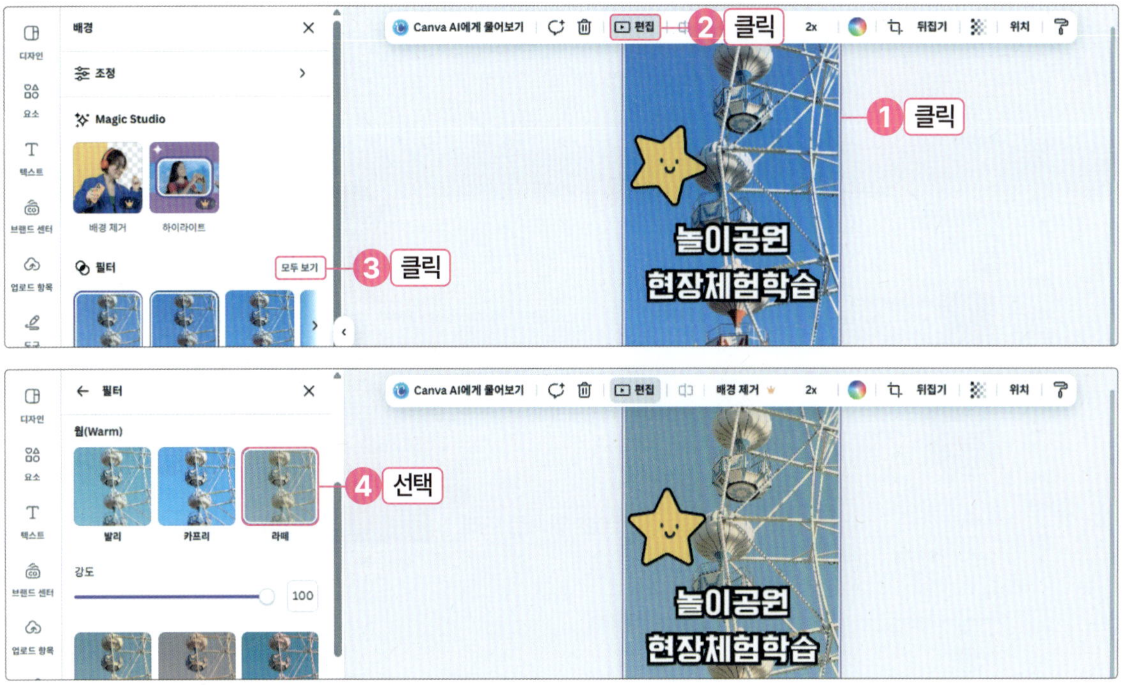

4 동영상 추가하기

1 [페이지 추가(+)]를 클릭한 후 2번째 주제의 [동영상] 파일을 검색하여 파일을 추가합니다.

↳ 동영상 검색어 : 어린이소풍 → [세부설정]-[비율:세로형]

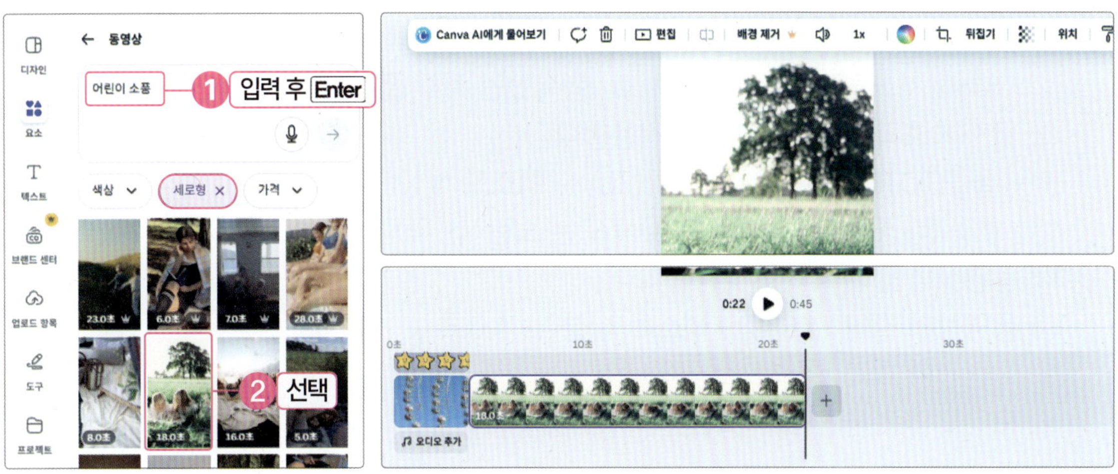

2 동영상의 재생속도와 길이를 조절합니다.

↳ 동영상 속도 : 2x (2배속) → 동영상 길이 : 4.0초(원본 동영상길이에 따라 조절)

3 재생 헤드를 4.0초에 맞춰두고 텍스트 내용을 입력합니다.

입력내용 : 한 달 전부터 기다려왔던 현장체험학습!

- 글꼴 (TDTD가온) → 글꼴크기(70) → 텍스트 색상(검정색)
- 효과 (배경) → 둥근 정도(50),확산(50),색상(노란색)
- 애니메이션 (타자기)
- 텍스트 재생시간 : 4.0초(동영상 길이에 맞춤)

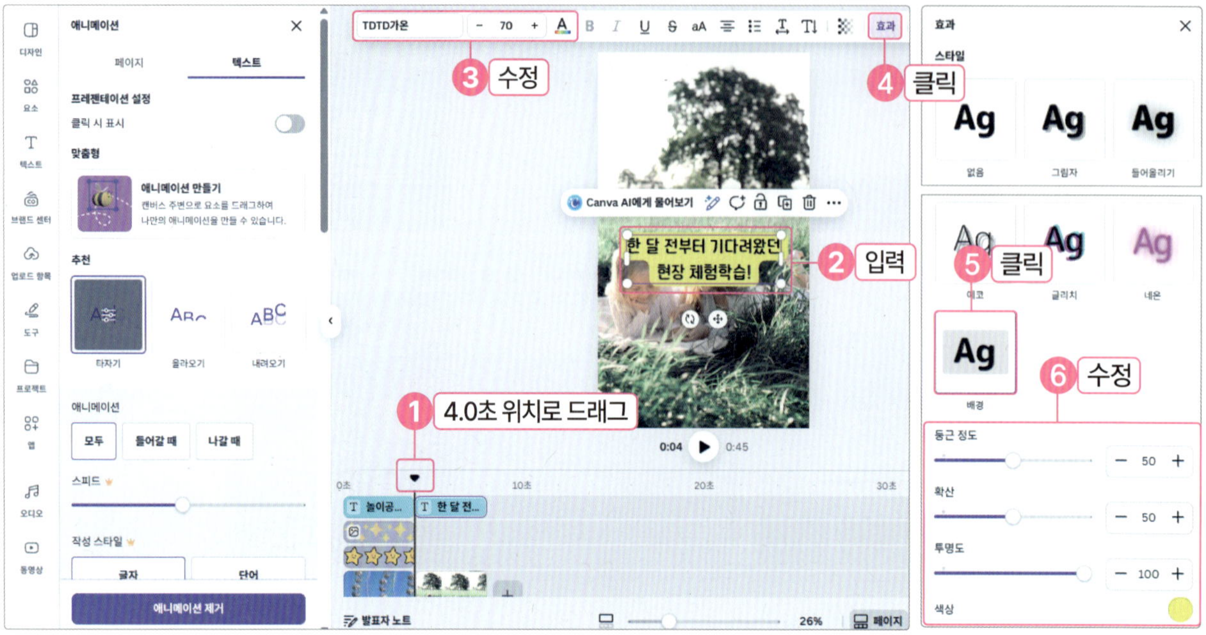

4 위와 동일한 방법으로 [3페이지]~[8페이지]를 작성합니다.

① 내용에 어울리는 동영상을 검색하여 넣고, 글자를 입력합니다.

- 3페이지 : 목이 긴 기린도 만나고 (추천 검색어 : 기린)
- 4페이지 : 어슬렁 어슬렁 호랑이도 보았어요. (추천 검색어 : 호랑이)
- 5페이지 : 내가 제일 좋아하는 회전목마! (추천 검색어 : 놀이공원, 회전목마)
- 6페이지 : 꺄악~ 너무 무서웠던 놀이기구 (추천 검색어 : 놀이기구)
- 7페이지 : 간식으로 먹었던 맛있는 피자 (추천 검색어 : 간식, 피자)
- 8페이지 : 즐거운 추억을 남기고.. 행복했던 하루 끝!! (추천 검색어 : 놀이공원)

② 글자에 효과와 애니메이션을 적용합니다.

- 글꼴(TDTD가온) → 글꼴크기(70) → 텍스트 색상(검정색)
  효과 (배경) → 배경색상 (연두색 또는 노란색), 애니메이션 (타자기)

③ 동영상에 필터 효과를 적용합니다.

④ 동영상의 길이 : 4.0초 → 텍스트의 길이 : 4.0초

⑤ 화면전환 효과 : 원형으로 닦아내기

⑥ 오디오 추가하기 : 오디오 검색어 (happy, joy등)

5 파일명을 설정하고 다운로드 합니다.

[파일]을 클릭 → 파일 이름(현장체험학습) 수정 → [공유]-[다운로드]를 클릭 → 파일 종류는(MP4 동영상)로 설정

CHAPTER 14

똑똑 학습

캔바를 이용한 똑똑한 놀이

01 가족 여행 동영상을 만들어 보세요.

- 예제 파일 불러오기
- 텍스트 입력하기
- 애니메이션 넣기, 오디오 추가하기
- 완성된 작품 다운로드 하기(MP4 동영상)

불러올 파일 : 14차시_미션예제　완성된 파일 : 가족 여행_완성.mp4

CHAPTER 15

토끼와 거북이 애니메이션 만들기

학습 목표

- 토끼와 거북이 이야기를 주제로 동영상 장면을 구성합니다.
- 애니메이션 효과로 이야기 흐름에 맞는 동영상을 제작합니다.

완성작품 미리 보기

불러올 파일 : 15차시_예제　완성된 파일 : 토끼와 거북이_완성.mp4

이야기를 동영상으로 만들기

이야기를 동영상으로 만들 때는 먼저 장면의 흐름을 잘 계획해야 합니다. 장면마다 어떤 일이 일어나는지 간단히 메모해 두면 구성하기가 쉽습니다. 등장인물의 표정이나 동작을 다르게 표현하면 이야기의 감정이 잘 전달됩니다. 배경음악이나 효과음을 넣어 장면의 분위기를 살리면 영상이 더 생동감 있게 됩니다. 마지막으로 전체 영상을 다시 보며 이야기의 흐름이 자연스러운지 꼭 확인합니다.

1 예제 파일 불러오기

1 [캔바] 예제 파일 사이트에 접속하여 [15차시_예제] 파일을 불러옵니다.

2 [파일]-[복사]를 클릭하여 편집이 가능한 상태로 변경합니다.

2 글자와 애니메이션 넣기

1 [1페이지]에 동화의 제목과 부제목을 입력하고 글꼴을 설정합니다.

↳ 제목(토끼와 거북이) : 글꼴(210클레이토이) → 글꼴크기(150) → 텍스트 색상(노란색)
효과(테두리, 두께 : 80, 색상 : 어두운 갈색)

↳ 부제목(지은이: 내이름) : 글꼴(210 국민체조) → 글꼴크기(60) → 텍스트 색상(진한 갈색)

2 4개의 장면에 어떤 내용을 넣을지 구상해 봅니다.

① 토끼와 거북이의 달리기 시합 시작 장면
② 빠르게 달리는 토끼와 느리지만 포기하지 않는 거북이의 모습
③ 방심한 토끼가 낮잠을 자는 동안 쉬지 않고 달려가는 거북이의 모습
④ 끝까지 열심히 달려간 거북이가 우승하는 장면

3 [2페이지]의 상단 텍스트 상자에 장면의 내용을 입력하고, 글자에 애니메이션을 적용합니다.

입력할 내용 : 토끼와 거북이가 달리기 시합을 하기로 했어요. → 애니메이션: 올라오기

4 [2페이지] 내용에 어울리는 그래픽 요소를 검색하여 추가합니다.

5 [요소]-[그래픽]에서 "말풍선" 그래픽 요소를 검색하여 삽입하고 텍스트 내용을 입력합니다.

↪ 입력예시 : (거북이 → 토..토끼야. 같이가..) / (토끼 → 거북아!! 나 먼저 간다!!!)

6 추가된 요소들을 한꺼번에 선택하여 그룹화를 합니다.

↪ Shift+[토끼, 말풍선, 텍스트상자] 클릭 → [빠른메뉴] → [그룹화] 클릭

Shift+[거북이+말풍선+텍스트상자] 클릭→ [빠른메뉴] → [그룹화] 클릭

TIP

그룹화란 여러 개의 요소를 한 덩어리로 묶는 기능으로 애니메이션 설정시 그룹화된 요소를 한 번에 효과를 적용할 수 있습니다.

7 각각 그룹화된 [토끼]와 [거북이]에 애니메이션 효과를 적용합니다.

↳ 거북이 : [애니메이션] → [애니메이션 만들기], [움직임 스타일] → [스피드: 느리게]

↳ 토끼 : [애니메이션] → [애니메이션 만들기], [움직임 스타일] → [스피드: 빠르게]

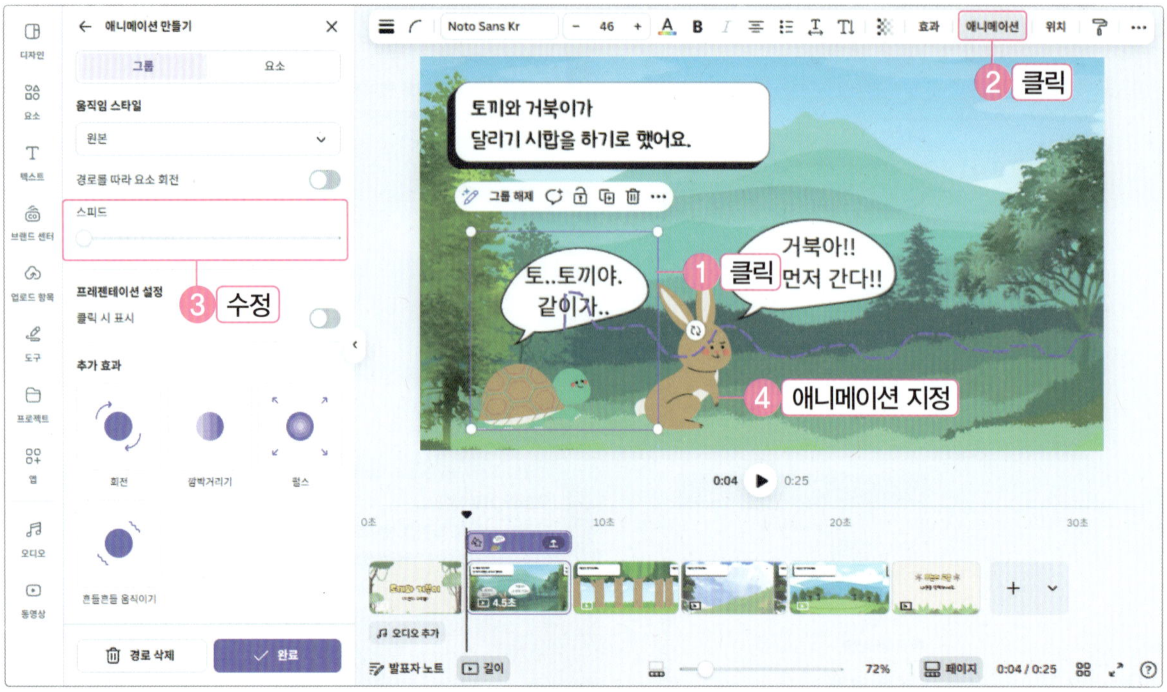

8 같은 방법으로 [3페이지] ~ [5페이지]를 완성해 봅니다.

① 장면에 동화 내용을 입력합니다.

- 3페이지 : 토끼가 훨씬 빨랐지만, 거북이는 멈추지 않았어요.
- 4페이지 : 방심한 토끼가 낮잠을 자는 동안 거북이는 쉬지 않고 열심히 달려갔어요.
- 5페이지 : 우승자는 누구였을까요? 바로 끝까지 열심히 한 거북이었답니다.
- 6페이지 : 오늘의 교훈
  (거북이처럼 포기하지 않고 꾸준히 나아가면 결국 목표를 이룰 수 있다.)

② 캐릭터와 말풍선, 텍스트 상자를 그룹화하고 맞춤형 애니메이션을 설정합니다.

[3페이지]

[4페이지]

[5페이지]

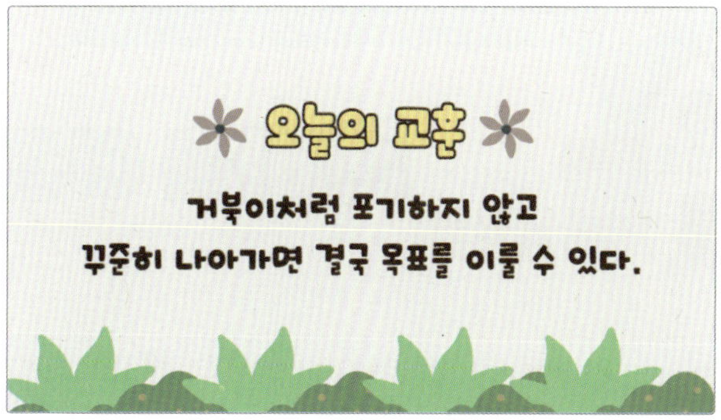

[6페이지]

9 화면 아래쪽 [전환 효과 추가( )]를 이용하여 화면전환 효과를 모든 페이지에 설정합니다.

[전환효과 추가]→[선으로 닦아내기]→[모든 페이지에 적용]

10 파일명을 설정하고 다운로드 합니다.

[파일]을 클릭 → 파일 이름(토끼와 거북이) 수정 → [공유]-[다운로드]를 클릭 → 파일 종류는(MP4 동영상)로 설정

CHAPTER 15

똑똑 학습

캔바를 이용한 똑똑한 놀이

01 개미와 베짱이 동영상을 만들어 보세요.

- 미션 예제 파일 불러오기
- 요소(이미지, 말풍선) 삽입하기
- 텍스트 입력하기
- 애니메이션, 전환효과 넣기
- 완성된 작품 다운로드 하기(MP4 동영상)

불러올 파일 : 15차시_미션예제　완성된 파일 : 개미와 베짱이_완성.mp4

MEMO

PART 04

AI 및 앱 활용하기

Part4의 작품은 캔바의 AI 기능과 다양한 앱 활용을 통해 초등 교육에 맞게 제작되었습니다.
생성형 AI를 활용하여 창의적인 디자인과 템플릿 구성 요소를 만들어 사용합니다.
자동화된 디자인 도구와 편리한 앱 연동을 활용하여 다양한 요소를 쉽고 빠르게 완성합니다.

CHAPTER 16

나만의 AI창작동화 만들기

학습 목표

- Canva AI로 이미지를 생성해 봅니다.
- AI로 이미지의 배경을 제거해 봅니다.

완성작품 미리 보기

불러올 파일 : 16차시_예제　완성된 파일 : 창작동화_완성.PDF

창작 동화란 무엇일까요?

기존의 전래동화(옛이야기)처럼 입에서 입으로 전해 내려온 이야기가 아니라, 작가가 새롭게 지어낸 어린이용 이야기를 말합니다. 학생들의 상상력과 창의성을 바탕으로 새로 쓰는 것을 뜻합니다. 어떤 이야기를 새로 써볼지 스토리를 먼저 생각해 보면 좋습니다.

1 예제파일 표지 편집하기

1 [캔바] 예제 파일 사이트에 접속하여 [16차시_예제] 파일을 불러옵니다.

↪ 상단 메뉴의 [파일]-[복사]를 클릭하여 편집 가능한 상태로 전환

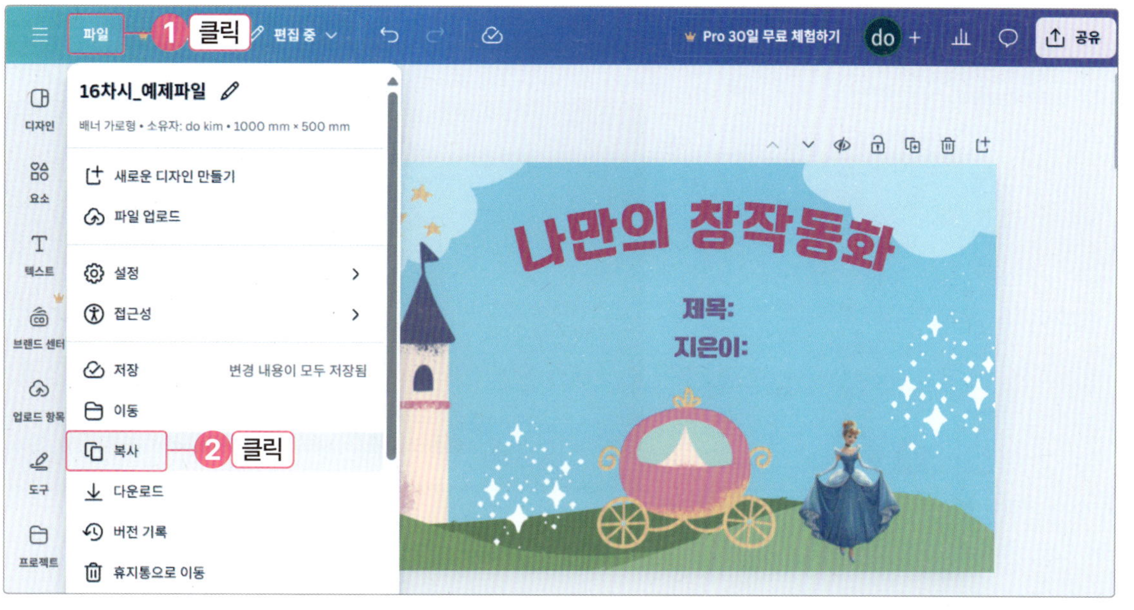

2 캔버스 [1페이지]의 [제목과 지은이]를 입력합니다.

↪ 텍스트 내용 : 제목(요정이 된 공주), 지은이(내이름) → 마음에 드는 글꼴, 크기, 글자 색을 설정

2 Magic Media로 AI 이미지 생성하기

1 [2페이지]를 클릭하고 [앱]-[Magic Media( )]를 선택하여 실행합니다.

↪ [왼쪽 디자인도구] → [앱] → [Canva의 다양한 기능] → [Magic Media( )]

2 [Magic Media]-[이미지] 입력창에 만들고 싶은 이미지의 설명 내용을 입력하고 [스타일]을 클릭합니다.

↪ 입력 내용(예시) : 황금색 긴 머리를 하고 작업복을 입은 채로 서있는 공주 이미지

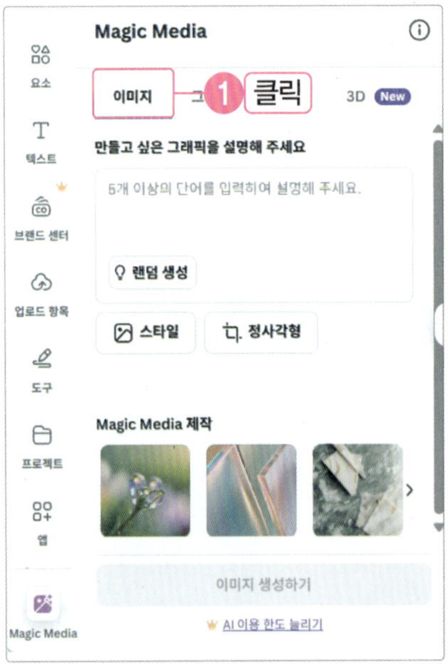

TIP

AI 이미지 생성 기능에서 우리가 입력하는 "이미지를 만들기 위한 문장이나 단어"를 "prompt(프롬프트)" 또는 "이미지 설명"이라고 부릅니다. 프롬프트를 입력할 때는 여러 개의 단어를 조합하여 자세하게 설명할수록 원하는 이미지가 생성됩니다.

3 스타일 목록에서 원하는 스타일을 미리 설정하고 [이미지 생성하기]를 클릭합니다.

↪ [스타일(🖼)] → [플레이풀] → [이미지 생성하기]

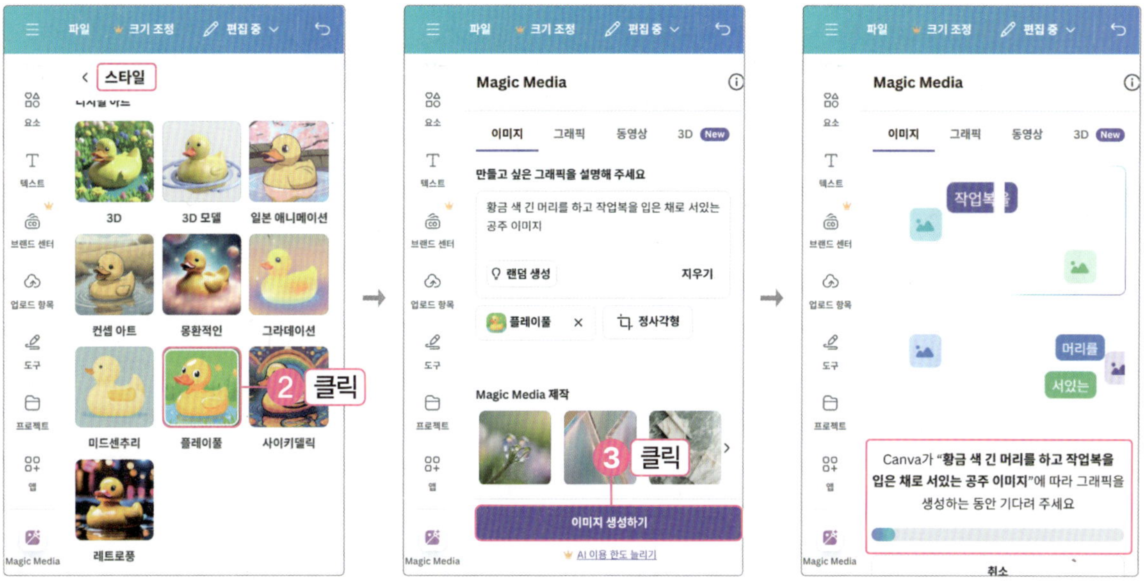

TIP

플레이풀 스타일

귀엽고 밝은 색감, 동화, 만화 같은 분위기, 재미있는 형태와 표정이 강조된 이미지가 만들어집니다. 다른 스타일로도 바꿔가며 이미지를 생성해 보세요.

4 AI 이미지가 여러 개 검색되면 마음에 드는 이미지를 선택하여 캔버스에 적용합니다.

↪ AI 이미지는 친구들과 다른 이미지가 생성될 수 있어요.

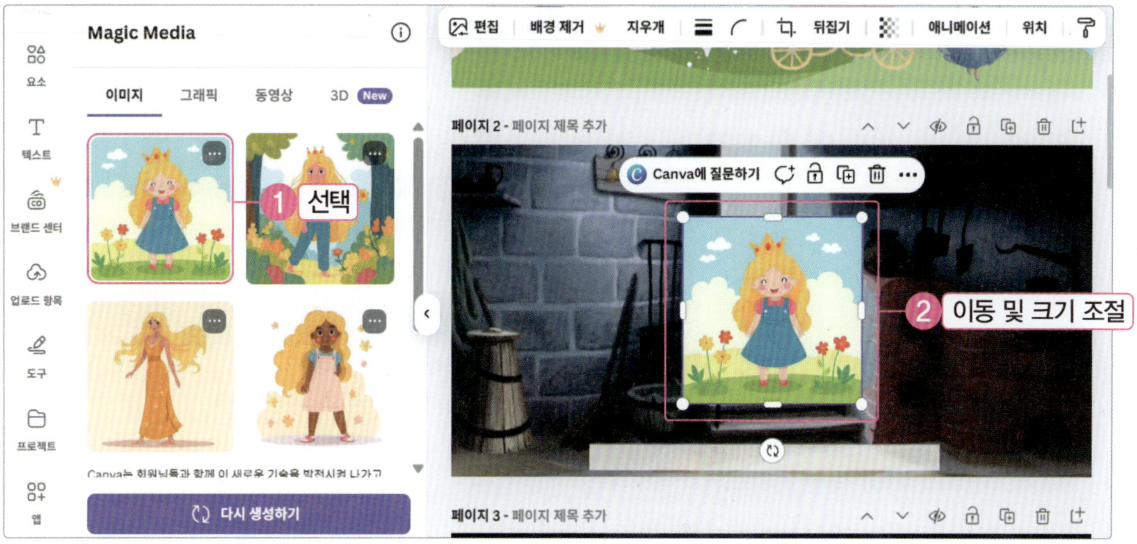

TIP

생성된 이미지의 [더보기(···)]-[비슷한 이미지 더 생성하기]를 클릭하면 새로운 이미지가 검색됩니다.

5 캔버스에 추가된 AI이미지를 선택하여 업로드 폴더에 추가합니다.

↳ [마우스 오른쪽버튼] → [정보(ⓘ)] → [폴더에 추가하기(🗀)] → [업로드 항목(☁)] → 폴더에 추가

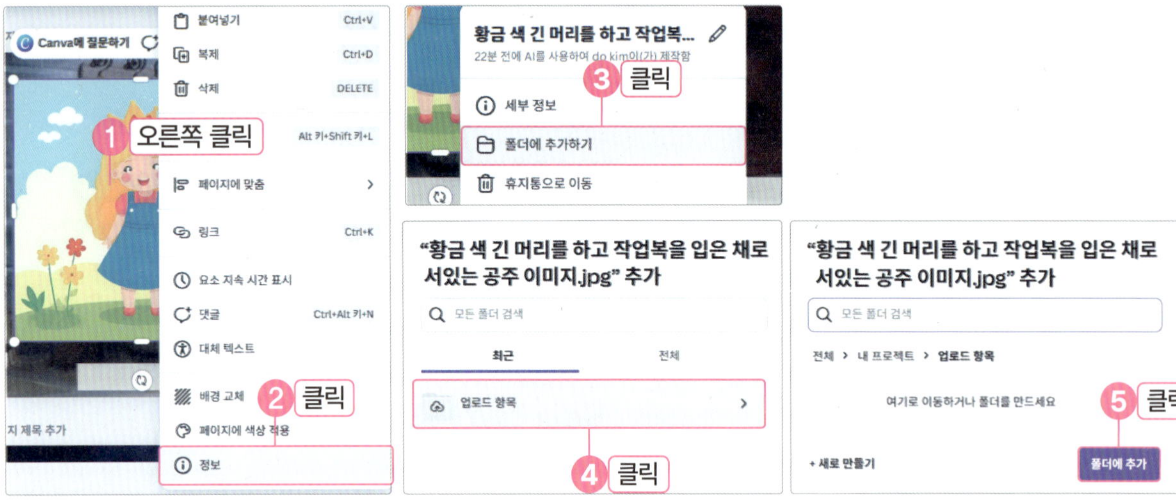

6 왼쪽 [업로드 항목(☁)]에 저장된 이미지의 [더보기(•••)]를 클릭한 후 [다운로드(⤓)]를 선택합니다.

↳ 다운로드 경로를 별도로 지정하지 않으면 [내 컴퓨터]-[다운로드] 폴더에 자동 저장됨

3 AI 리무브 비지(remove.bg)로 이미지 배경 제거하기

1 크롬의 [새 탭]으로 추가된 크롬 구글에 "리무브비지"를 입력하여 검색합니다.

2 [리무브비지] 웹사이트가 실행되면 [이미지 업로드]를 클릭합니다.

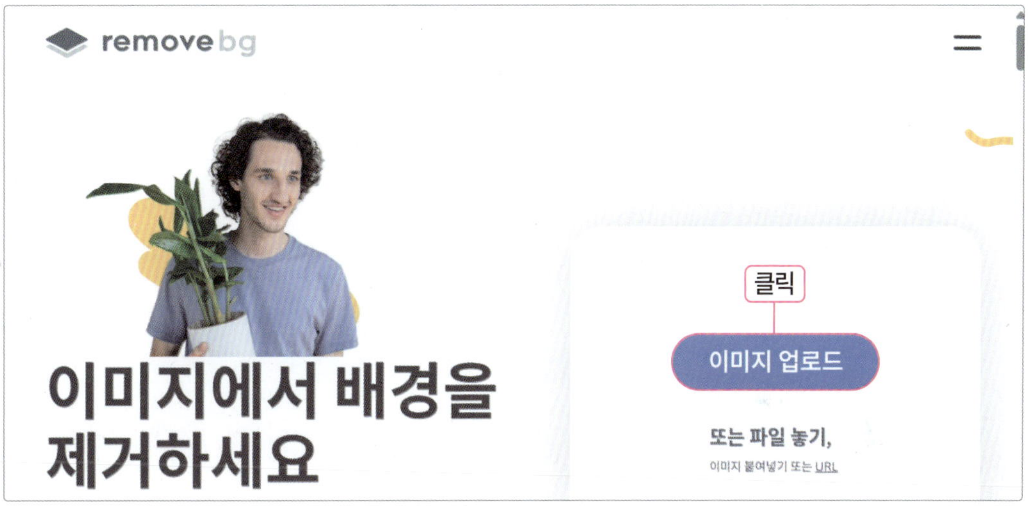

3 [다운로드] 폴더에 저장된 AI이미지를 선택하고 [열기]를 클릭합니다.

4 선택된 이미지의 배경이 투명하게 바뀌면 상단 메뉴 우측의 [다운로드]-[무료]를 클릭합니다.

↪ 배경이 제거된 이미지가 [내컴퓨터]-[다운로드]폴더에 저장됩니다.

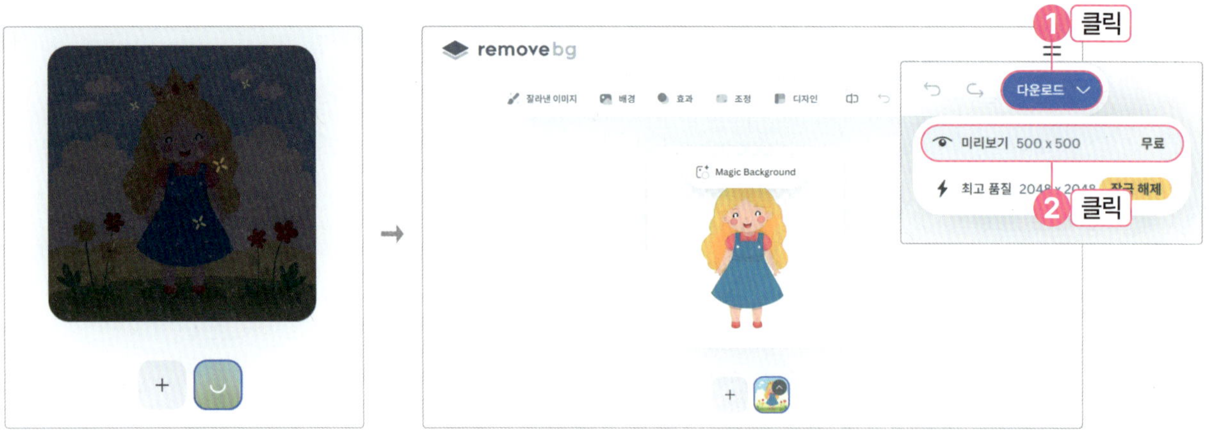

4 캔바에 이미지 업로드 및 텍스트 입력하기

1 캔바 디자인 도구의 [업로드 항목( )]-[파일 업로드]를 클릭하여 [다운로드] 폴더에 있는 이미지(배경 제거된 파일)를 추가합니다.

2 [2페이지]에서 배경이 들어간 기존의 공주 이미지를 선택한 후 Delete를 눌러 삭제합니다.

3 업로드 항목에 추가된 배경이 제거된 이미지를 캔버스에 삽입합니다.

4 캔버스 아래쪽 사각형 도형을 더블클릭하여 자막 내용을 입력합니다.

↪ 입력 내용 : 미리 생각해 두었던 이야기를 꾸며서 입력해 보세요.

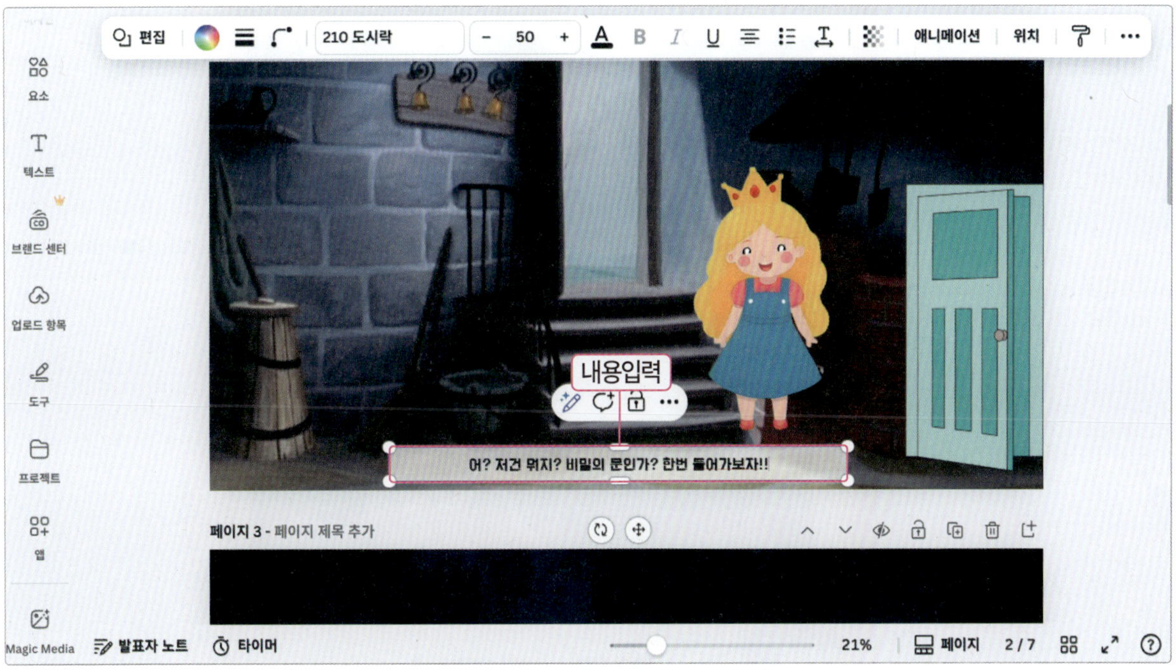

5 같은 방법으로 모든 페이지에 AI이미지를 삽입해 보세요..

↪ [Magic Media] → [AI이미지 생성] → [파일 다운로드] → [리무브비지] → [무료 다운로드]

6 파일명을 설정하고 다운로드 합니다.

↪ [파일]을 클릭 → 파일 이름(내이름-창작동화) 수정 → [공유]-[다운로드]를 클릭 → 파일 종류는(PDF)로 설정

CHAPTER 16

똑똑 학습

캔바를 이용한 똑똑한 놀이

01 창작캐릭터 프로필

- 미션 예제 파일 불러오기(1페이지)
- AI 이미지 생성하기
- 텍스트 입력하기, 요소 추가하기

불러올 파일 : 16차시_미션예제 완성된 파일 : 16차시_미션 완성.pdf

02 나의 미래 모습

- 미션 예제 파일 불러오기(2페이지)
- AI 이미지 생성하기
- 텍스트 입력하기, 요소 추가하기

불러올 파일 : 16차시_미션예제 완성된 파일 : 16차시_미션 완성.pdf

CHAPTER 17

디자인클래스 포스터 만들기

학습 목표
- AI로 목업 이미지를 추가해 봅니다.
- AI로 로고 이미지를 생성해 봅니다.

완성작품 미리 보기　　불러올 파일 : 17차시_예제　　완성된 파일 : 디자인클래스 포스터_완성.png

목업이란?

Canva에서 목업이란 티셔츠, 컵, 휴대폰, 노트북, 포스터, 액자, 책 표지 같은 실물 이미지에 내가 만든 로고, 사진, 디자인을 자동으로 입체적으로 합성해 주는 기능을 말합니다.

1 예제 파일 표지 편집하기

1 [캔바] 예제 파일 사이트에 접속하여 [17차시_예제] 파일을 불러옵니다.

↳ 상단 메뉴의 [파일]-[복사]를 클릭하여 편집 상태로 전환

2 포스터 표지에 [요소]-[그래픽]을 이용하여 이미지 요소를 추가합니다.

3 캔버스의 [1페이지] 하단 [페이지 추가]를 클릭하여 [2페이지]를 추가합니다.

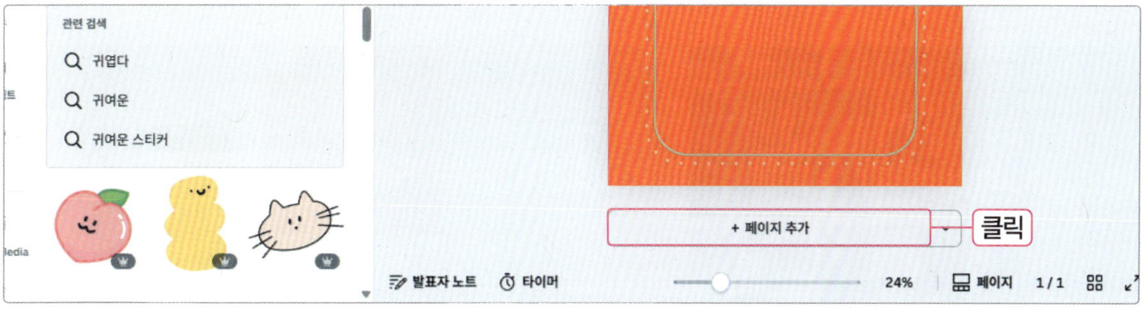

2 목업 추가하기

1 [2페이지]의 왼쪽 도구의 [앱( )]-[Canva의 다양한 기능]-[mockups( )]-[의상 : 모두 보기]를 클릭합니다.

2 원하는 디자인의 티셔츠 2개를 클릭하여 페이지에 추가합니다.

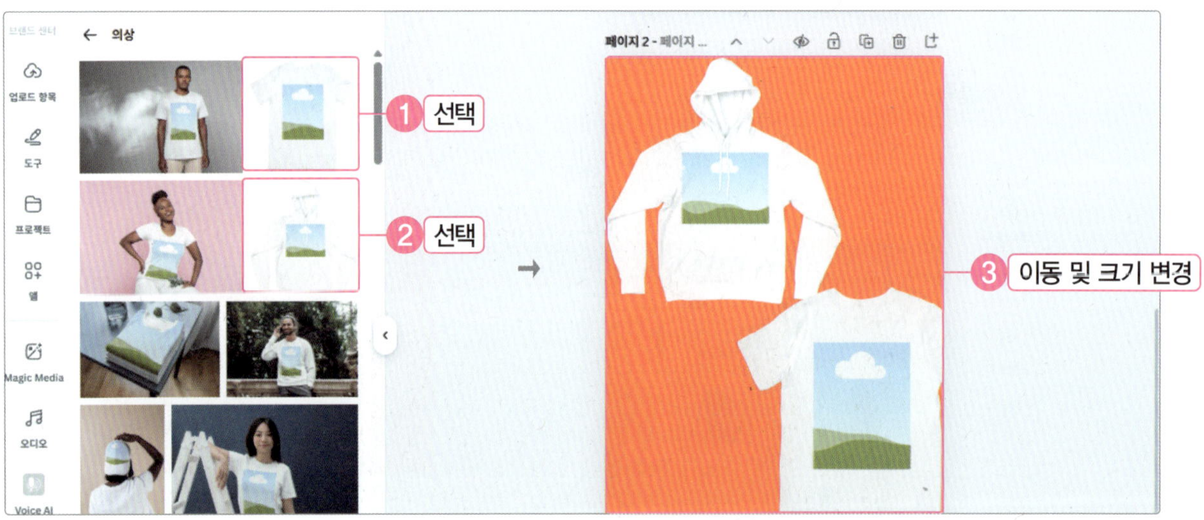

3 캔버스의 [2페이지] 하단 [페이지 추가]를 클릭하여 3페이지를 만들어 줍니다.

4 [3페이지]에는 [홈 & 리빙 : 모두보기]를 클릭하여 원하는 제품을 페이지에 추가합니다.

3 AI 로고 만들기

1 캔바 화면 왼쪽 도구의 [앱( )]-[Logo Master( )]를 선택하고 [열기]를 누릅니다.

2 프롬프트 입력란에 만들고 싶은 이미지를 입력하고 [생성하기]를 클릭합니다.

↳ 로고 설명 : 애니메이션 만화 캐릭터, 귀여운 아기 강아지

↳ [배경 제거]된 로고 생성을 위해 [배경 제거] 항목에 체크

TIP

[Logo Master]는 무료 계정 하나에 하루 6개씩 생성할 수 있습니다.

3 로고가 생성되면 원하는 로고 이미지를 페이지 티셔츠의 프레임에 드래그하여 삽입합니다.

4 다른 목업 제품에 [Logo Master( )]와 [Magic Media]의 [AI이미지 생성] 도구로 만든 이미지를 합성합니다.

포스터 표지(1페이지)에도 완성된 제품을 복사(Ctrl+C) → 붙여넣기(Ctrl+V)

5 파일명을 설정하고 다운로드 합니다.

[파일]을 클릭 → 파일 이름(내이름-디자인클래스 포스터) 수정 → [공유]-[다운로드]를 클릭 → 파일 종류는(PDF 표준)로 설정

01 강아지 실종 전단지

- 미션 예제 파일 불러오기
- AI 이미지 생성하기
- 텍스트 편집하기

불러올 파일 : 17차시_미션예제 완성된 파일 : 강아지 실종 전단지_완성.png

CHAPTER 18

AI 코드로 룰렛게임 만들기

학습 목표
- Canva AI 프롬프트로 룰렛 게임판을 만들어 봅니다.
- 프롬프트 명령문을 편집해 봅니다.

완성작품 미리 보기 불러올 파일 : 없음 완성된 파일 : 18차시_완성(캔바링크)

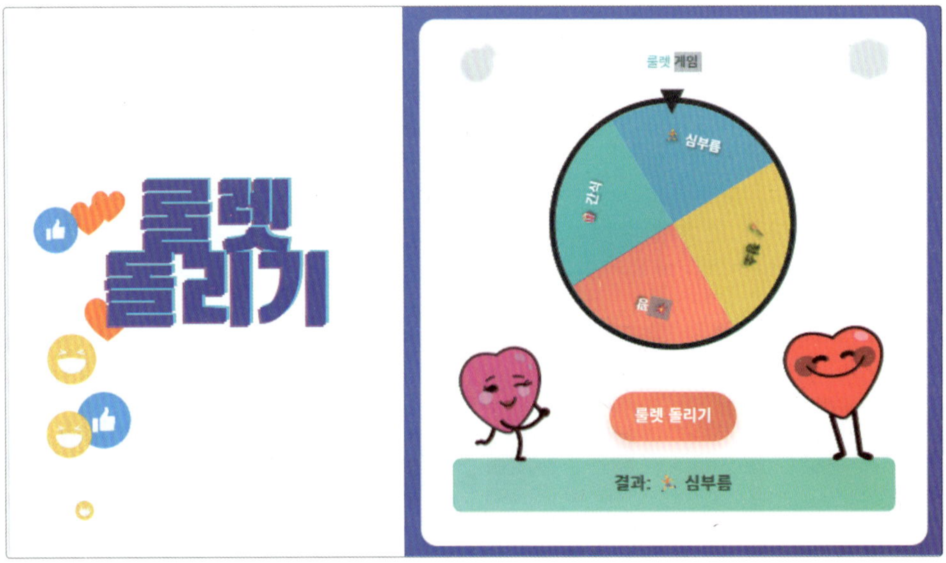

Canva AI 코드란?

사용자가 Canva의 인공지능에게 특정 작업(글쓰기, 이미지 만들기, 디자인 생성 등)을 시키기 위해 입력하는 명령문(prompt) 또는 지시 문장을 뜻합니다.
즉, AI가 결과를 만들어 내는 "생성 명령어"입니다.

1 Canva AI 프롬프트 입력하기

1 [캔바]-[홈] 화면에서 [Canva AI]를 클릭합니다.

2 내용 입력란에 게임내용을 간단하게 입력하고 [코드(</> 코드)] 선택 후 [검색(→)]합니다.
↪ 입력 내용 : 시계 방향 회전 룰렛 돌리기(꽝,간식,심부름,청소)

3 입력된 내용에 맞춰 Canva AI가 프로그램 코드를 짜며 명령을 수행하기 시작합니다.

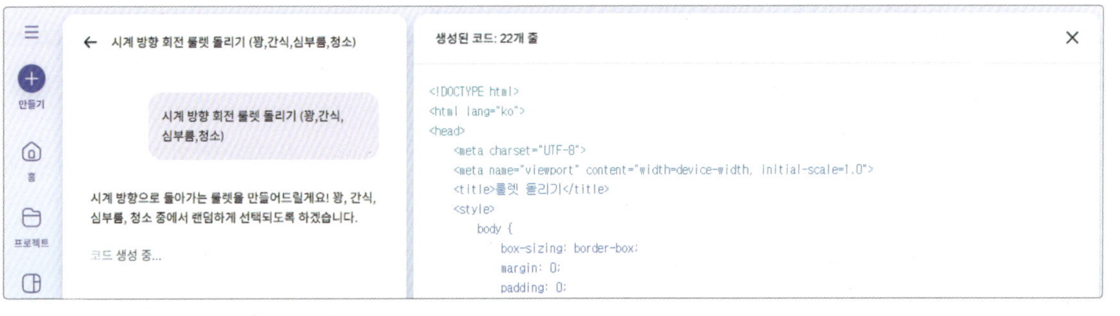

4 사용자가 요청한 명령어에 맞는 [룰렛 돌리기] 게임 작품이 오른쪽 화면에 생성됩니다.

2 프롬프트(명령문) 편집하기

1 [룰렛 돌리기] 버튼으로 게임을 수행해 보니 여러 가지 오류가 발생합니다. 왼쪽 프롬프트 입력란에 추가적인 명령문을 입력하고 [답글 제출(↑)]을 클릭합니다.

입력 내용 : 룰렛과 결과가 다르게 표기돼

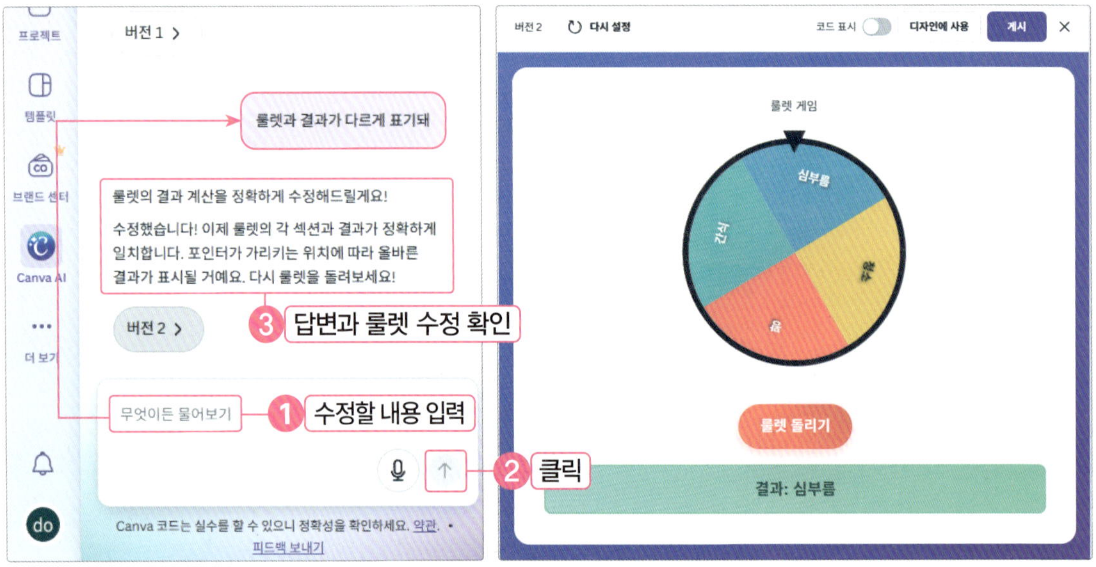

TIP

프롬프트에 따라 AI가 자동 생성하는 게임이므로 다른 친구들과 작품의 결과가 각자 다르게 보여질 수 있습니다. 스스로 자기가 원하는 형태의 명령어를 대화 형태로 입력해 보세요!

2 룰렛이 멈추면 폭죽이 터지도록 프롬프트를 추가로 입력하고 [답글 제출(↑)]을 클릭합니다.

입력 내용 : (예시1) 룰렛이 멈추면 폭죽을 터트려, (예시2) 리본폭죽 모양으로 해줘

3 같은 방법으로 룰렛 돌리기 게임을 조금씩 수정하며 마음에 드는 기능과 디자인으로 생성해 봅니다.

예시1) 룰렛판 글자 옆에 이미지 넣어줘, 예시2) 게임 제목을 꾸며줘

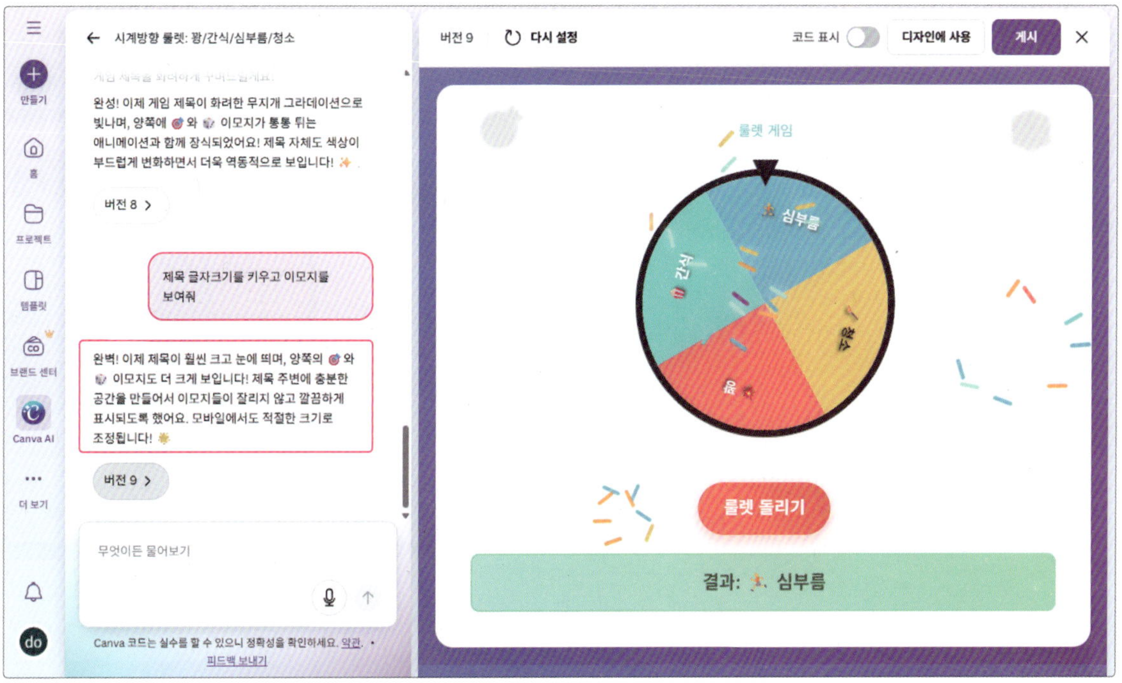

TIP

옆 친구들과 함께 룰렛 게임 내용을 편집해 가면서 함께 게임을 즐겨 보세요.
아쉽게도 캔바로 게임 코드를 저장하거나 실행 파일로 다운로드하는 건 불가능하며 캔바 환경에서만 실행 가능하도록 디자인 파일로 링크 복사는 가능합니다.

4 작품을 디자인 파일로 활성화하기 위해 [디자인에 사용]-[프레젠테이션]을 선택합니다.

5 게임 화면이 프레젠테이션에 삽입되면 이미지의 여백을 자르고 크기를 조절합니다.

↪ 키보드의 Alt를 누르고 크기 조절점을 드래그하면 여백을 자를 수 있습니다.

↪ 게임을 실행하려면 게임 화면을 더블클릭하면 됩니다.

6 왼쪽 디자인 도구의 [텍스트]-[글꼴 조합] 기능으로 게임 제목을 입력하고 [요소]-[그래픽] 기능으로 여러 가지 스티커 요소들을 추가합니다.

7 오른쪽 상단의 [공유]-[링크복사]를 클릭합니다.
복사된 링크를 모바일이나 이메일 등으로 받아서 링크를 클릭하면 작품을 서로 공유할 수 있습니다.

똑똑 학습

캔바를 이용한 똑똑한 놀이

01 거북이의 미로찾기 게임 만들기

- Canva AI 코드 입력하기
- 프롬프트(명령문) 추가 하기, 텍스와 요소 추가하기
- 게임 실행하기

[프롬프트 : 명령문]

예시1) 거북이의 미로찾기 게임

예시2) 장애물(반복하여 빠르게 랜덤이동)

불러올 파일 : 없음 완성된 파일 : 18차시_미션완성(캔바링크)

CHAPTER 19

뮤직앨범 소개하기

학습 목표

- Voice AI로 음성 메시지를 만들어 봅니다.
- AI Music으로 음악을 만들어 봅니다.

완성작품 미리 보기

불러올 파일 : 19차시_예제 완성된 파일 : 뮤직앨범_완성.mp4

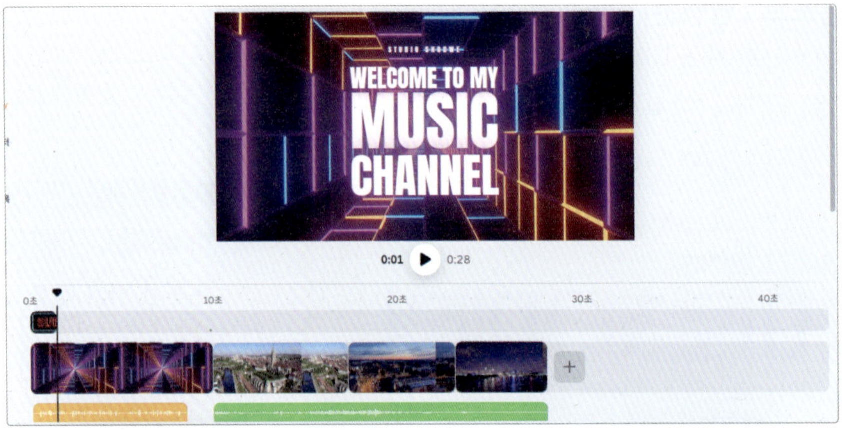

AI Music이란?

캔바(Canva)의 AI Music 기능은 이름 그대로 인공지능이 음악을 자동으로 생성하거나 추천해 주는 기능입니다. 즉, 사람이 직접 작곡하지 않아도 AI가 장르·분위기·길이에 맞는 음악을 만들어 주는 기술입니다.

1 Voice AI로 음성 메세지 만들기

1 [캔바] 예제 파일 사이트에 접속하여 [19차시_예제] 파일을 불러옵니다.

↪ 상단 메뉴의 [파일]-[복사]를 클릭하여 편집 상태로 전환

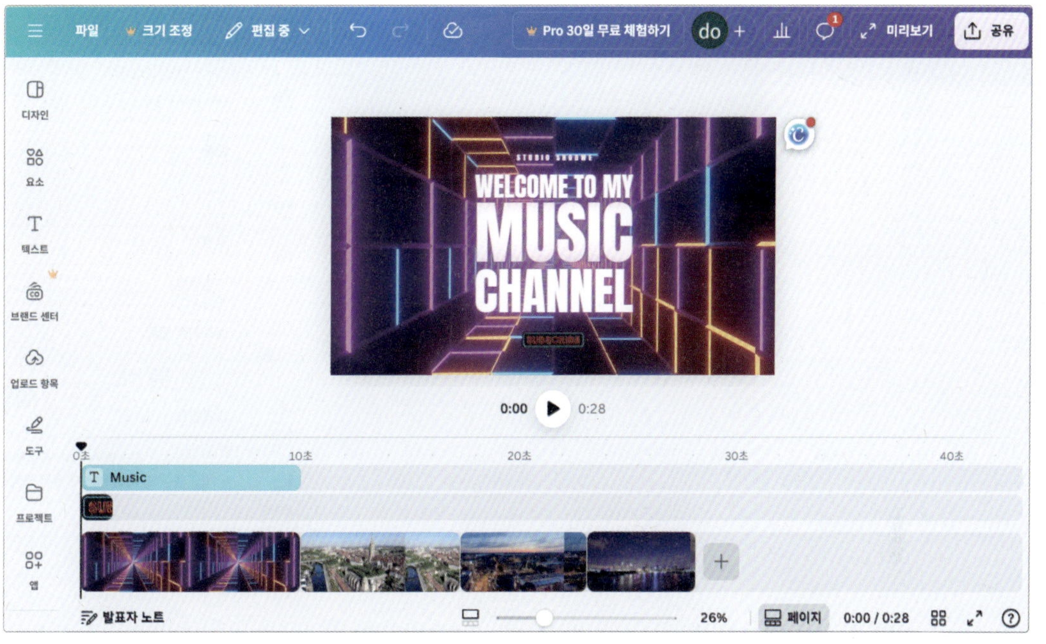

2 왼쪽 디자인 도구의 [앱( )]-[Voice AI( )]를 클릭하여 실행합니다.

↪ [Voice AI ( )] → [음성: 모두보기]

↪ [음성]-[전체]-[언어:한국어]로 선택하고 목소리 종류를 선택

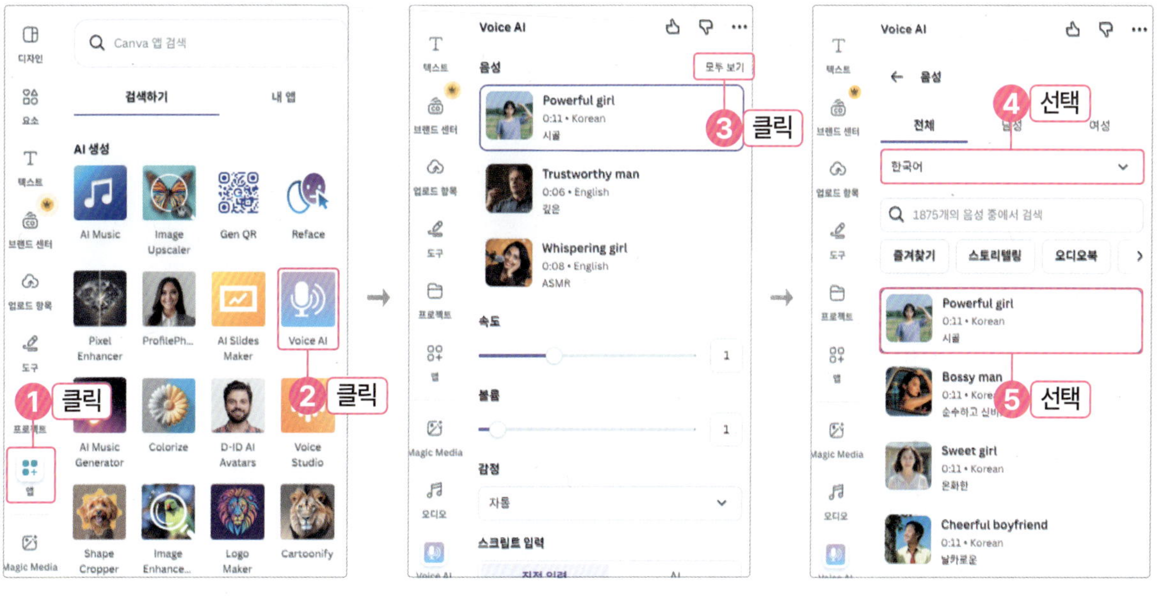

3 생성할 음성의 [속도 : 1], [볼륨 : 1.5], [감정 : 행복한]을 선택하고 [스크립트] 빈칸에 텍스트 내용을 입력합니다.

텍스트 입력내용 : 안녕하세요 친구들 나만의 뮤직 채널에 오신 것을 환영합니다! 지금부터 제 창작 음악을 들려드리겠습니다.

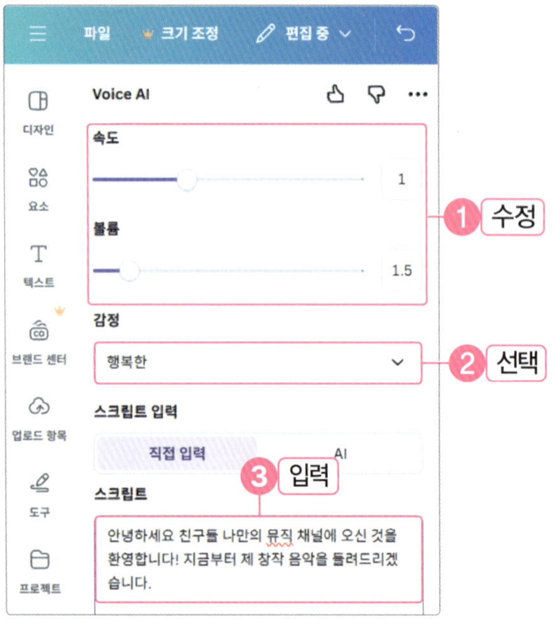

4 하단의 [음성 생성]을 클릭하면 음성이 오른쪽 하단의 [타임라인]에 추가됩니다.

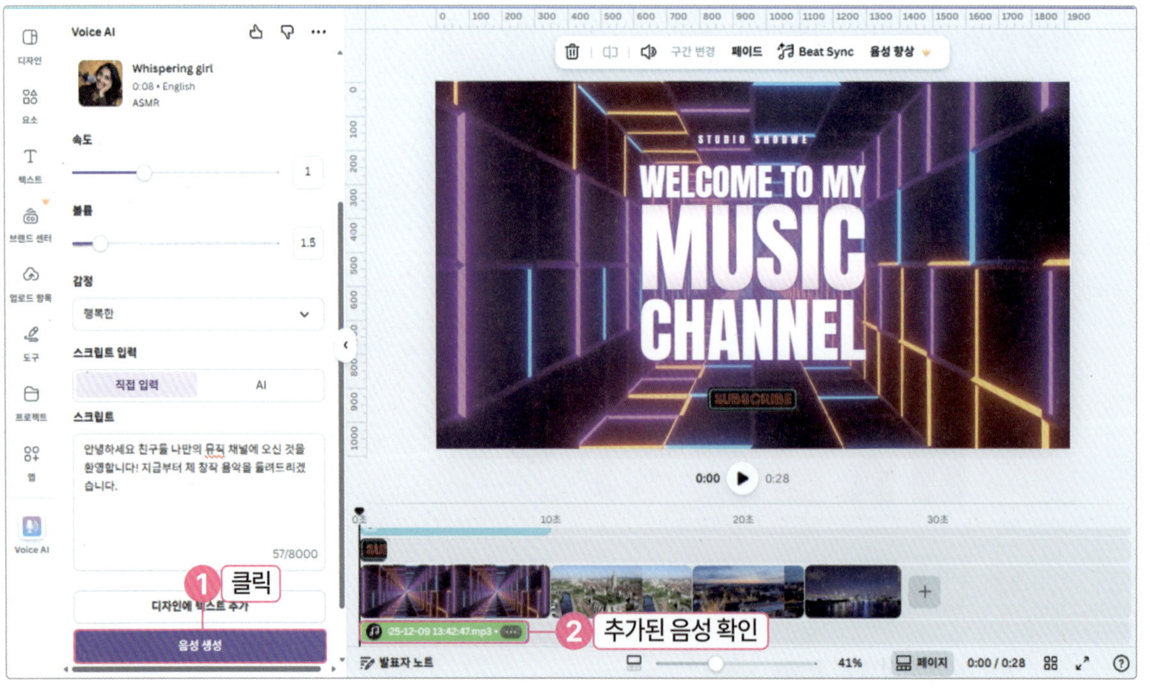

TIP

- [Voice AI] 앱의 무료 버전에서는 음성 생성을 위한 글자 수가 약 1,000자로 제한되어 있습니다.
- **비슷한 기능** : [AI 음성( )]도 있으나 목소리 종류가(남,여) 2가지 항목으로 한정되어 있습니다.

2 AI Music으로 음악 만들기

1 왼쪽 디자인 도구의 [앱( )]-[AI Music ( )]을 클릭하여 앱을 실행합니다.

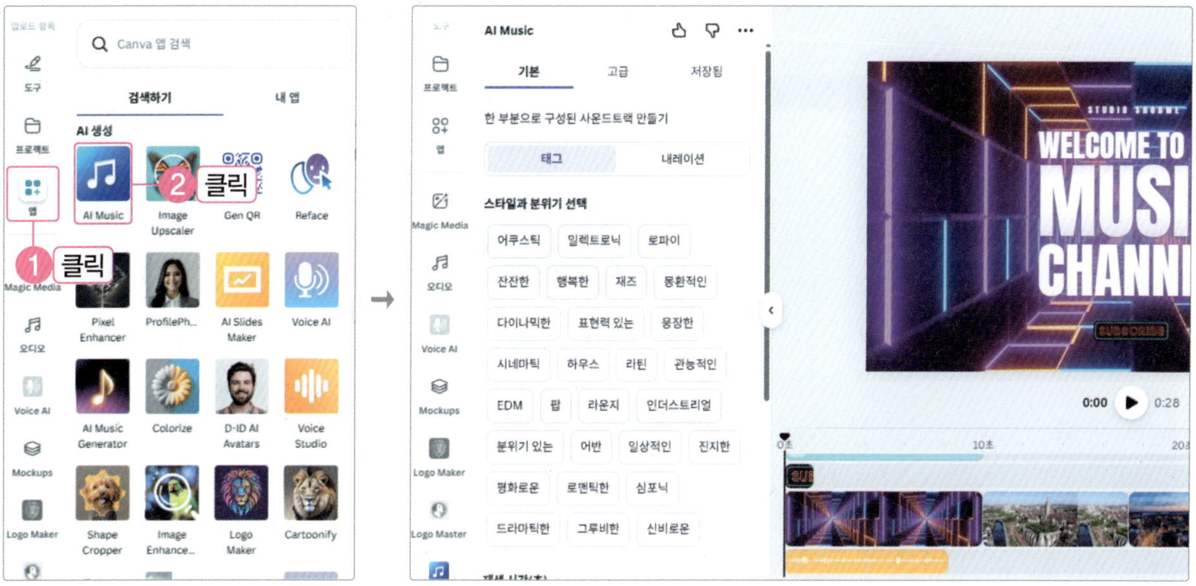

2 [AI Music] 앱이 실행되면 음악의 스타일과 분위기를 선택합니다.

↪ [기본]-[태그] : [스타일과 분위기 선택] → [행복한, 웅장한, 분위기 있는, 신비로운] 항목 선택

↪ [재생 시간(초)] : [25초]로 설정하고 [작곡]을 클릭

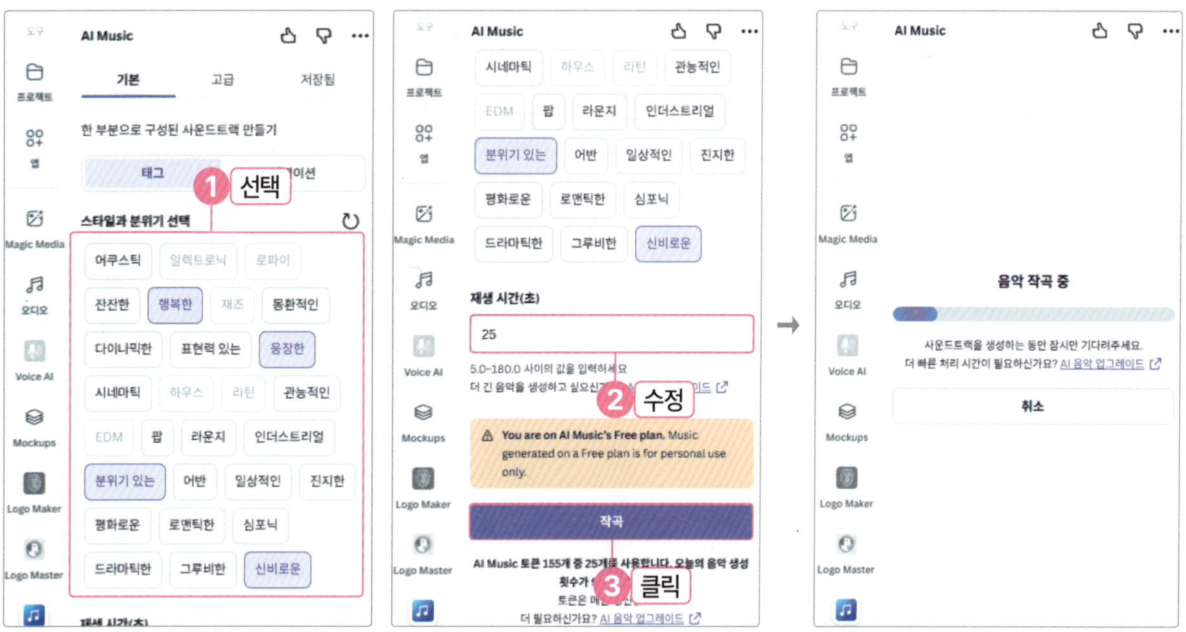

TIP

무료 사용자 : [재생 시간(초)]는 5초~180초, 하루에 작곡 횟수는 9회로 제한되어 있습니다.

3 음악 작곡이 완료되면 [디자인에 추가]를 클릭하여 타임라인에 음악이 추가합니다.

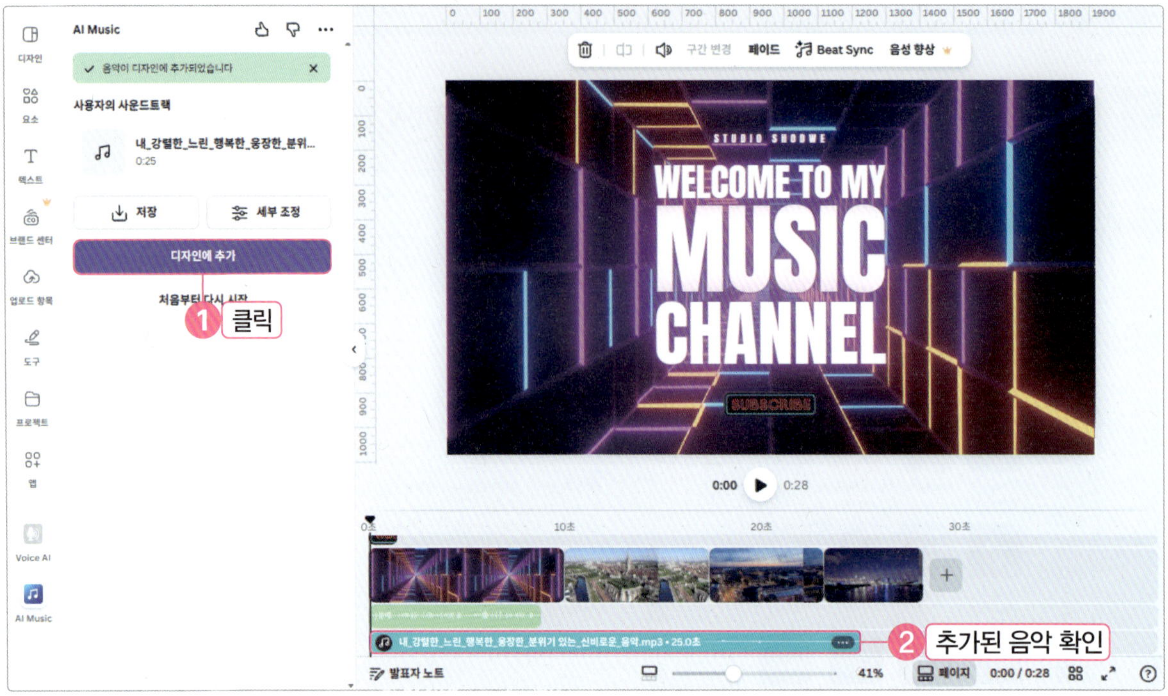

4 타임라인에 추가된 음악을 2번째 영상의 시작 위치(10.0초)로 드래그하여 옮긴 후 재생을 눌러 동영상 파일을 확인합니다.

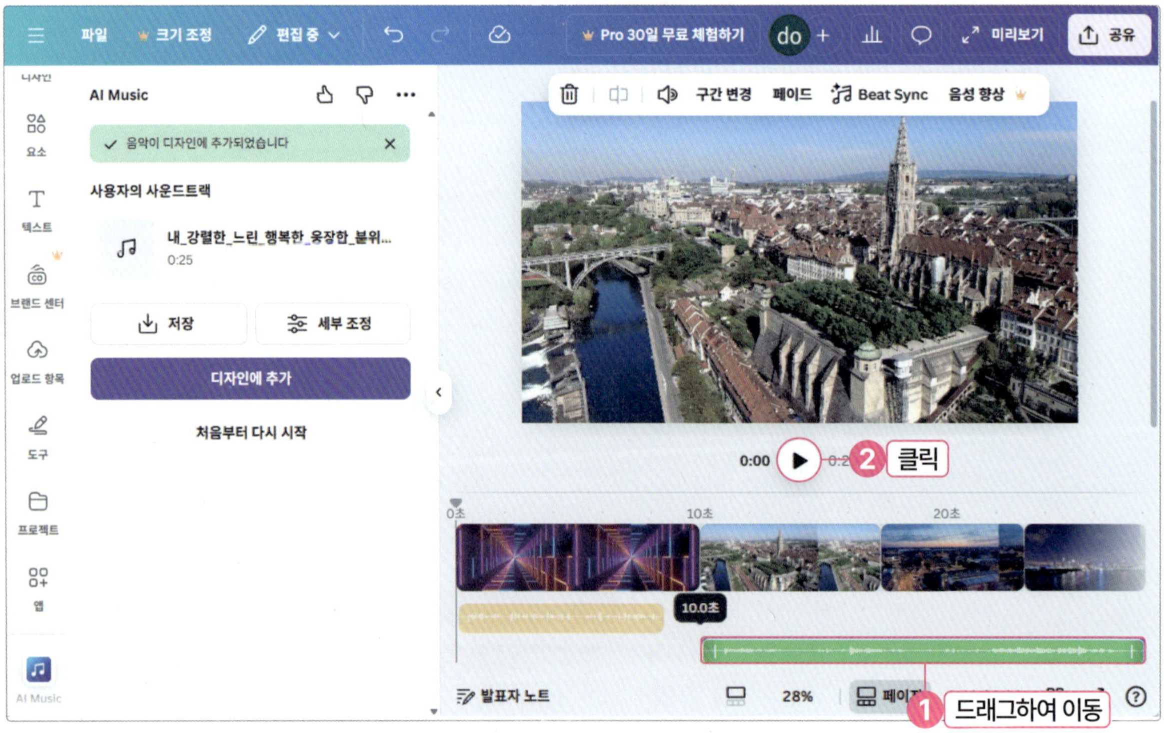

5 파일을 다운로드 합니다.

↪ [파일]클릭-파일이름(뮤직앨범)수정-[공유]를 클릭 → [다운로드]를 클릭 → 파일종류는 (MP4동영상)으로 설정

캔바를 이용한 똑똑한 놀이

01 뮤직앨범을 디자인합니다.

- 미션 예제 파일 불러오기, 파일 복사하기
- 2페이지 ~ 4페이지에 여러 가지 그래픽 요소 추가하기
- 각각의 요소에 애니메이션 효과 설정하기
- 페이지마다 화면전환 효과 설정하기
- 파일을 [MP4동영상]으로 다운로드하기

불러올 파일 : 19차시_미션 완성된 파일 : 뮤직앨범 미션_완성.mp4

CHAPTER 20

AI로 나만의 음식 레시피 카드 모음 만들기

학습 목표

- 캔바 AI로 음식 레시피를 만들어 봅니다.
- AI로 만들어진 레시피 문서를 편집해 봅니다.

완성작품 미리 보기

불러올 파일 : 없음　완성된 파일 : 음식레시피_완성.PDF

Canva Docs란?

Canva Docs는 Canva 안에서 문서를 작성하고 꾸밀 수 있는 기능입니다. 기본 문서 기능에 더해, AI 기능(Magic Write : 유료)을 이용해 글을 자동으로 생성하거나 요약할 수 있습니다. Canva AI의 "Docs"는 AI 기능이 들어간 문서 편집 도구입니다. 쉽게 말해 "캔바 버전의 워드프로세서 + AI 글쓰기 도우미"입니다.

1 Canva AI로 음식 레시피 문서 만들기

1 [캔바]를 실행하고 홈 화면에서 [Canva AI]를 클릭합니다.

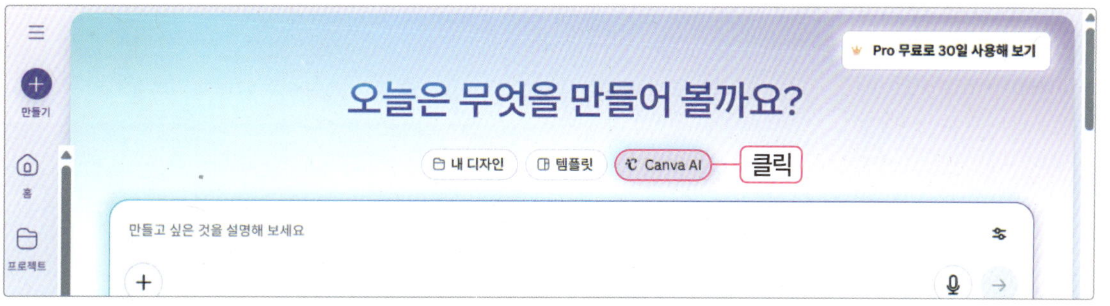

2 명령어 입력란에 만들고 싶은 음식 레시피를 입력한 다음 [Docs], [유형 : 요약]을 선택한 후 [제출하기(→)]를 클릭합니다.

↳ 입력 내용 : 햄 김치 볶음밥 레시피

3 이어서 '햄 김치 볶음밥' 레시피 문서가 생성됩니다.

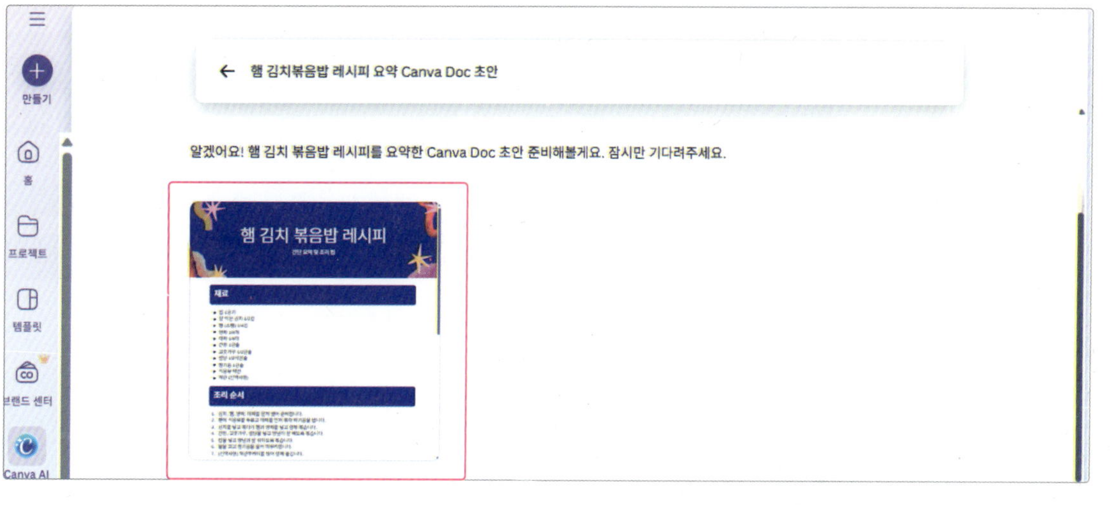

2 AI 문서 편집하기

1 생성된 음식레시피 문서를 선택하면 오른쪽에 문서가 확대되며, 편집을 위해 상단의 [Canva 편집기 사용]을 클릭합니다.

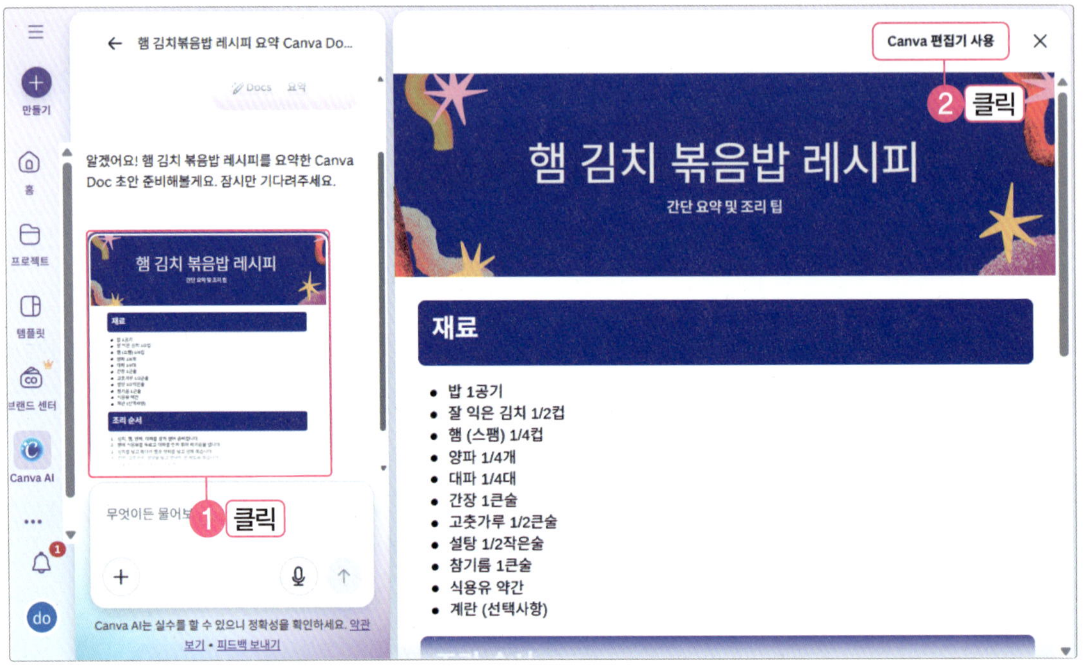

2 캔바의 편집 화면이 실행되면 상단의 [배경색( )]으로 문서 배경색(라이트 레몬)을 설정합니다.

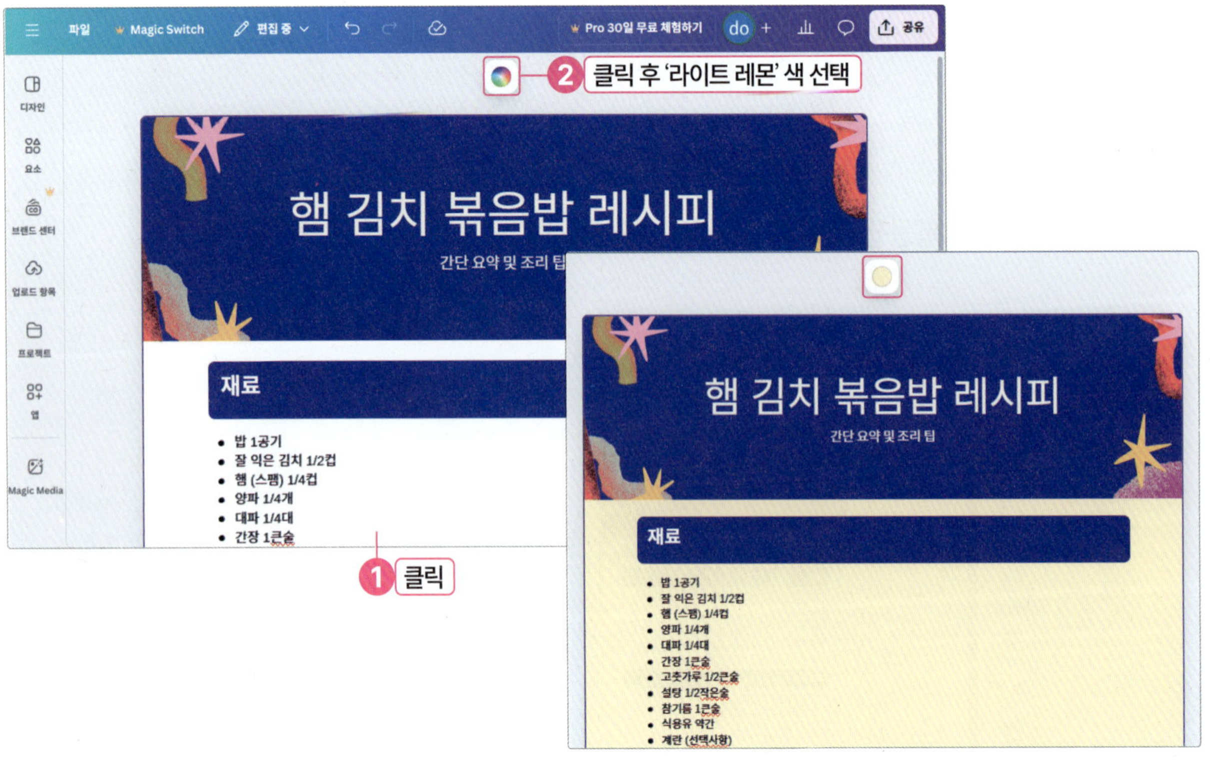

3 제목 텍스트를 편집하기 위해 제목 배너를 더블클릭하여 텍스트 편집창을 활성화 시킵니다.

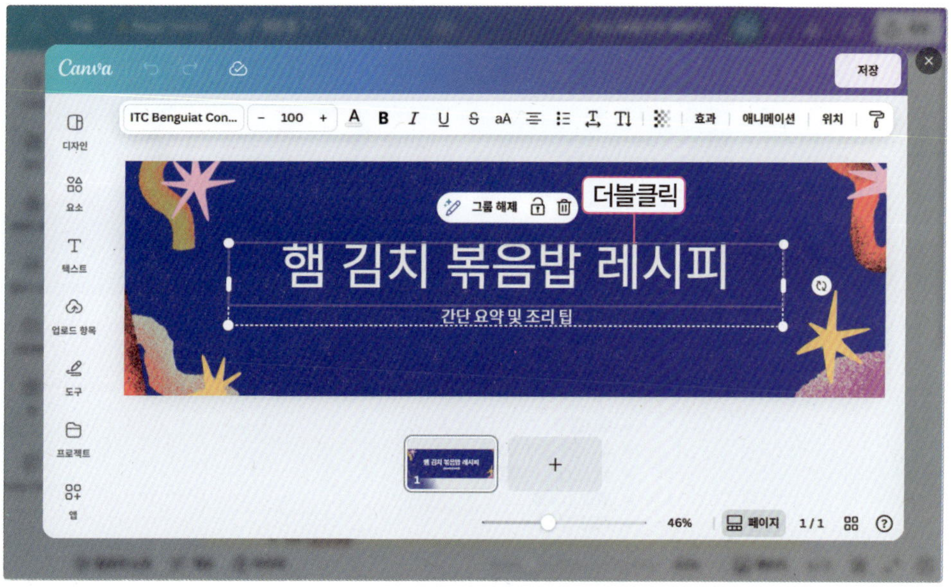

4 제목의 글꼴, 텍스트 색, 효과를 편집하여 디자인한 후 상단 오른쪽의 [저장]을 클릭합니다.

↪ 제목 편집 : 글꼴(210 네버랜드), 글꼴 크기(100), 글꼴 색(하얀색) → 효과(테두리, 두께:145, 색상:밝은빨강) → 도형(곡선,20)

↪ 작성자 : 내이름

5 아래쪽 내용들도 디자인에 맞는 텍스트와 도형 색상을 임의로 수정하여 완성합니다.

↳ 현재 디자인한 문서는 디자인 도구의 [프로젝트]에 자동으로 실시간 저장됨

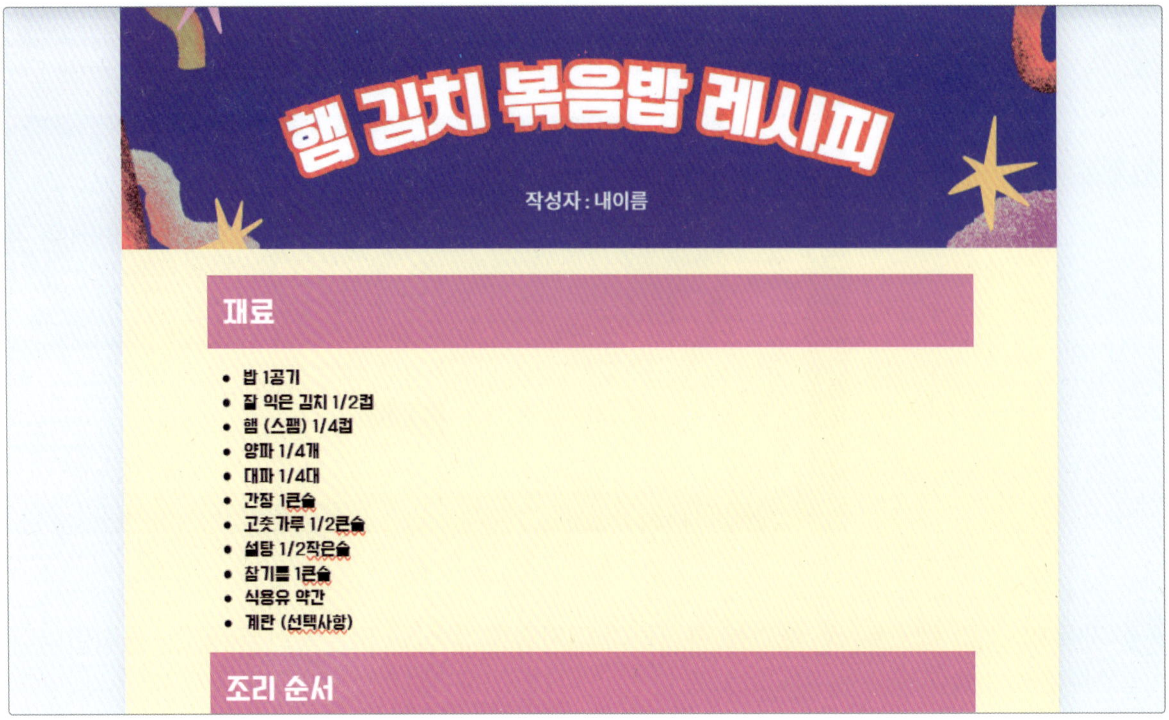

6 같은 방법으로 [메뉴 열기(☰)]를 클릭한 후 [Canva AI]로 음식 레시피를 하나 더 만들어 봅니다.

↳ 명령어 예시 : 감자 계란국 레시피

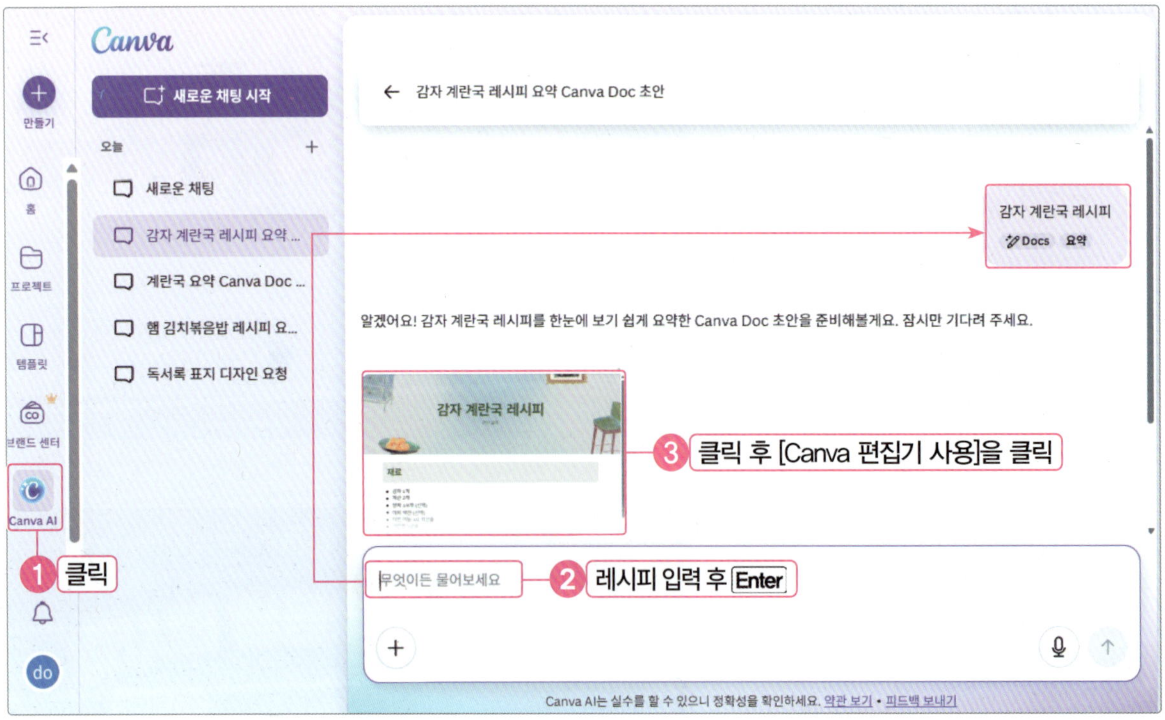

7 생성된 레시피 문서를 클릭한 후 디자인에 맞는 텍스트, 배경, 배너를 편집합니다.

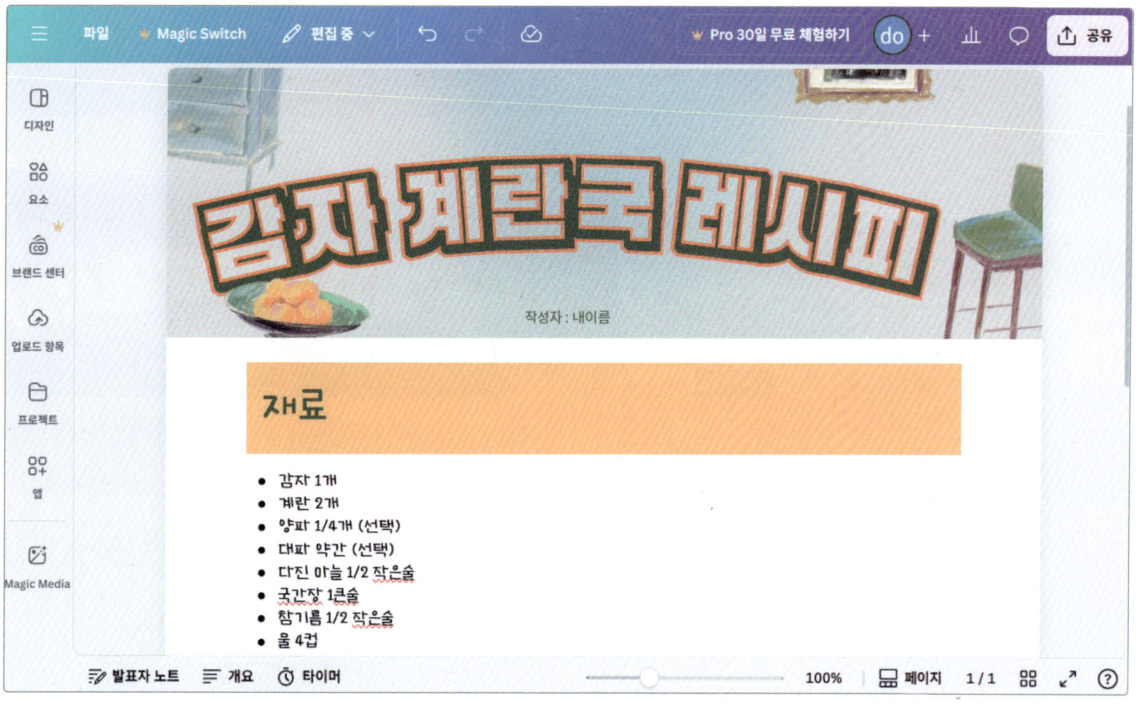

8 완성된 레시피 2장을 하나의 문서에 병합하기 위해 화면 하단 [페이지 추가(+)] 클릭하여 2페이지를 추가합니다.

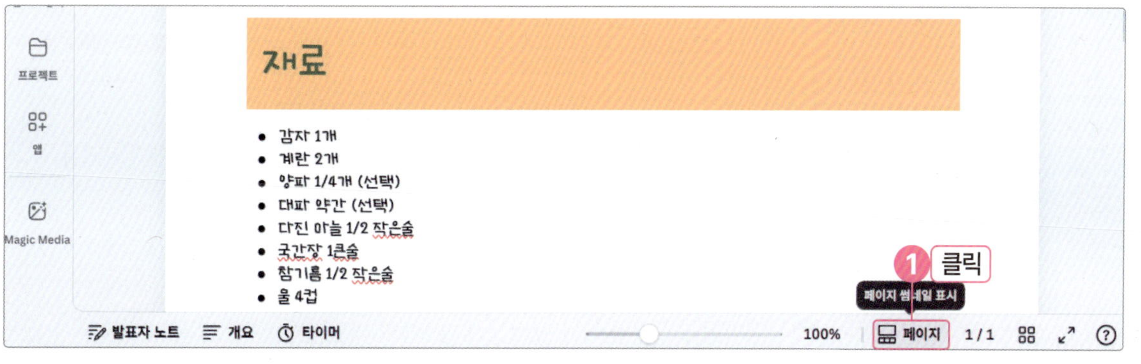

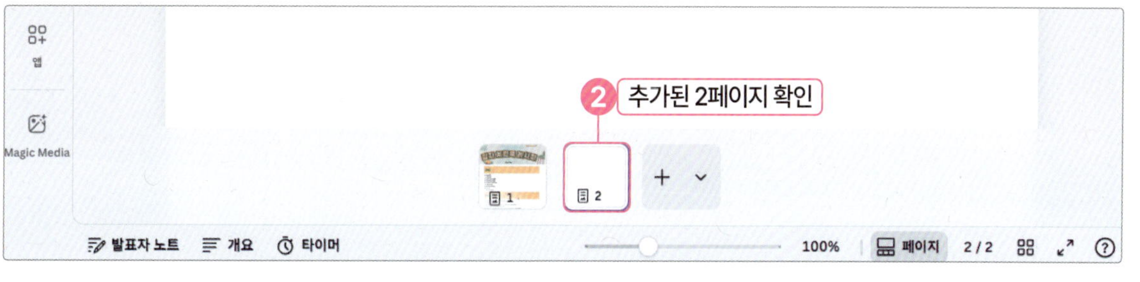

9 [2페이지]에서 왼쪽 디자인 도구의 [프로젝트]-[햄 김치 볶음밥 레시피] 디자인을 클릭하여 문서를 추가합니다.

10 파일을 다운로드합니다.

↳ [파일]클릭-파일이름(음식레시피)수정-[공유]를 클릭 → [다운로드]를 클릭 → 파일 종류는 (PDF 표준)으로 설정

똑똑 학습

캔바를 이용한 똑똑한 놀이

CHAPTER 20

01 AI로 위인전 독서록 만들기

- **명령어예시1** : 이순신장군 독서록
- **명령어예시2** : 세종대왕 독서록
- [Canva AI]-[docs]-[요약]
- [Canva 편집기]에서 텍스트, 배경색, 배너 편집하기
- 파일을 [PDF표준]으로 다운로드하기

불러올 파일 : 없음　완성된 파일 : 20차시_미션완성.PDF

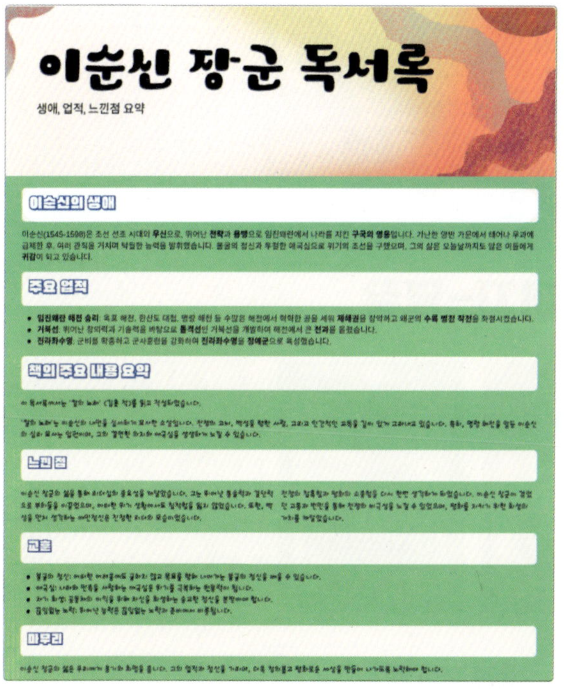

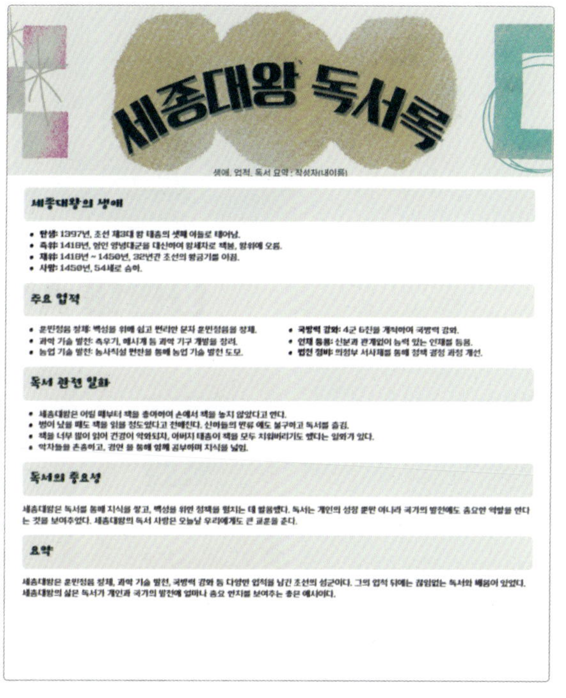

CHAPTER 21

종합작품만들기 ①

AI 캐릭터 굿즈 만들기

학습 목표

- AI 이미지로 캐릭터 굿즈를 만들어 봅니다.
- 요소의 이미지를 생성하고 편집해 봅니다.

완성작품 미리 보기 　 불러올 파일 : 21차시_예제 　 완성된 파일 : AI 캐릭터 굿즈_완성.PDF

학습내용

1. [캔바]-[21차시_예제] 파일 불러오기

2. [Canva AI] 이미지 만들기

3. [Magic Media]로 이미지 생성하기

4. [요소]에서 이미지 생성하기

5. **[1페이지]** : [AI 캐릭터 스티커북]
   - AI 이미지를 프레임에 삽입하기.

→

6. **[2페이지]** : [나만의 AI 이미지 명찰]
   - AI 이미지 삽입하기, 요소 삽입하기, 텍스트 편집하기

→

7. **[3페이지]** : [AI 이미지 책갈피]
   - AI 이미지 삽입하기, 도형 색상변경하기

→

8. [파일] → [다운로드] → [파일형식 : PDF표준]으로 설정하기

CHAPTER 22

종합작품만들기 ②

POP로 상점간판 만들기

학습 목표

- 텍스트 입력 및 편집으로 POP 상점 간판을 만들어 봅니다.
- 여러 가지 요소를 추가하고 편집해 봅니다.

완성작품 미리 보기

불러올 파일 : 22차시_예제　완성된 파일 : POP 상점간판_완성.PDF

학습내용

1 [캔바]-[22차시_예제] 파일 불러오기

2 텍스트 입력하기(글꼴 'TDTD'로 시작되는 글꼴 검색, 한 글자씩 텍스트 색상 변경하기)

3 텍스트에 효과 넣기(테두리, 색, 두께 설정하기)

4 [도구]-[마커]로 글자에 선 그리기(마커 색 : 흰색)

5 텍스트와 마커 그룹 설정하기

6 여러 가지 요소 추가하기

7 [파일] → [다운로드] → [파일형식 : PDF표준]으로 설정하기

CHAPTER 23

종합작품만들기 ③

우리학교 소개하기 ppt

학습 목표

- 우리 학교를 소개하는 프레젠테이션 PPT를 만들어 봅니다.
- 요소를 삽입하고 애니메이션 효과를 설정해 봅니다.

완성작품 미리 보기

불러올 파일 : 23차시_예제　완성된 파일 : 우리학교 소개ppt_완성.PDF

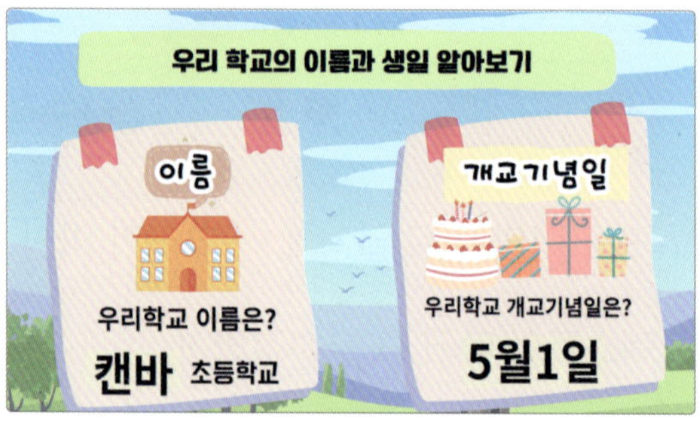

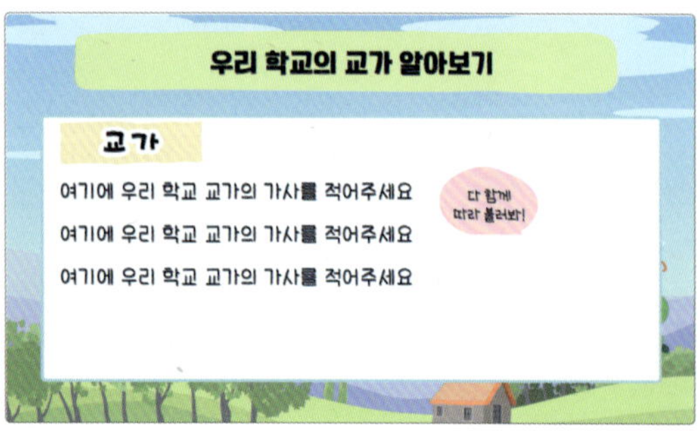

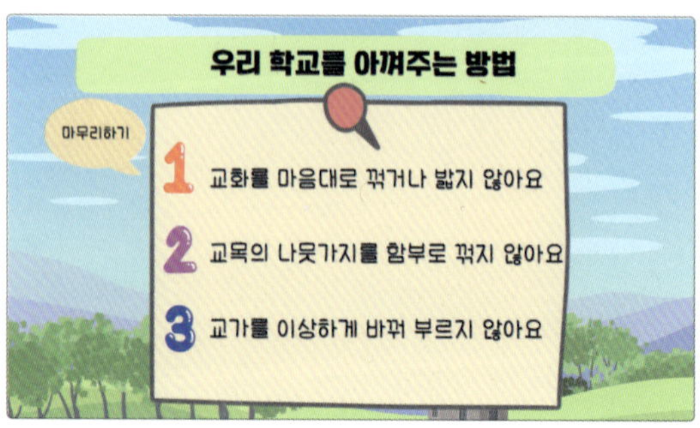

학습내용

1 [캔바]-[23차시_예제] 파일 불러오기

2 **[1페이지] ~ [6페이지]** : 텍스트입력하기, 요소 삽입하기, 애니메이션 설정하기

3 [파일] → [다운로드] → [파일형식 : PDF표준]으로 설정하기

CHAPTER 24

종합작품만들기 ④

AI 이미지로 영화 예고편 만들기

학습 목표

- AI 도구로 창작영화 이미지를 만들어 봅니다.
- 텍스트 자막 입력 및 효과를 지정해 봅니다.
- 오디오 삽입 및 화면 전환 효과를 지정해 봅니다.

완성작품 미리 보기

불러올 파일 : 24차시_예제 완성된 파일 : 영화 예고편_완성.MP4

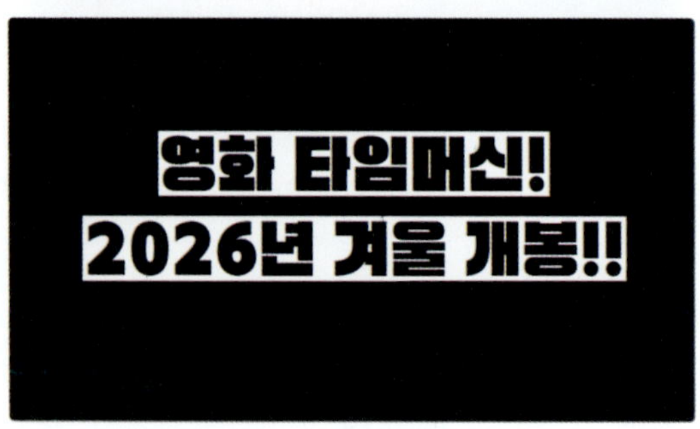

학습내용

1. [캔바]-[24차시_예제] 파일 불러오기
2. 창작 영화 장면 스토리 생각하기
3. 소개할 영화장면 4개를 AI이미지로 생성하기
   - [Canva AI, Magic Media, 요소의 이미지 생성하기]
4. [2페이지]~[5페이지]에 AI 창작영화 이미지 업로드하기
5. [1페이지]에 제목텍스트 입력 및 애니메이션 설정하기
6. 모든 페이지에 텍스트로 자막 입력하고 애니메이션 설정하기
7. 각각의 페이지에 화면전환 효과 설정하기
8. 영화 장면에 오디오 삽입하기(오디오추가, AI Music 등)
9. 마지막 페이지에 'voice AI' 추가하기

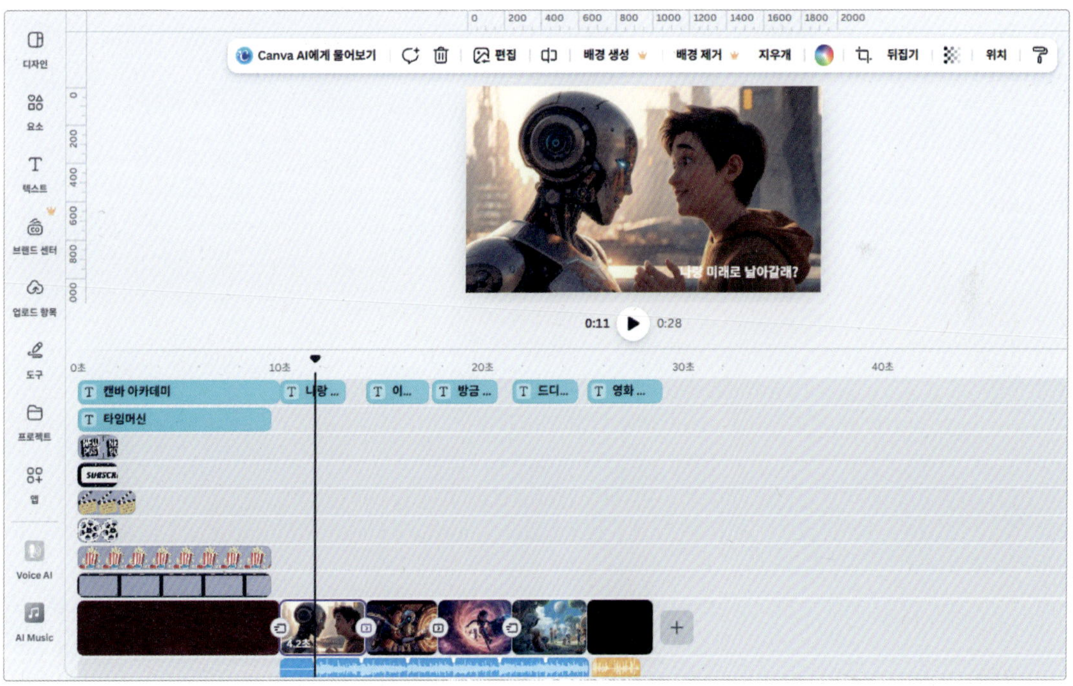

10. [파일] → [다운로드] → [파일형식 : MP4]으로 설정하기

MEMO